歴史文化ライブラリー
296

昭和天皇側近たちの戦争

茶谷誠一

目　次

満州事変と側近たちの動揺

二・二六事件と側近の一新

昭和天皇側近たちの歴史認識――プロローグ

二〇〇六年七月二〇日付の『日本経済新聞』(以下、『日経』)朝刊の一面トップに、およそ経済新聞があつかうトップ記事とは思えないようなスクープが掲載された。見出しのタイトルには、「A級戦犯靖国合祀/昭和天皇が不快感」と記されている。

おりしも、時の小泉純一郎首相が次期自民党総裁選への不出馬と、同年九月の総裁任期切れとともに、首相を辞任する意向を明らかにしており、総裁就任前の公約に掲げていた靖国神社への八月一五日参拝を強行するのではないかという憶測が政界やマスコミで流れていたさなかの報道であった。

『日経』のスクープ記事とは、一九七八年から八八年までの一〇年間にわたり、宮内庁長官として昭和天皇に仕えた富田朝彦《とみたともひこ》が手帳に記したメモのなかで、天皇が靖国神社への参拝を中止したのは、東京裁判で戦争指導者として裁かれたA級戦犯が合祀《ごうし》されたからだという事実を伝えるものであった。

昭和天皇の誕生日前日、一九八八年四月二八日付で日記に貼り付けられた富田のメモには、天皇が靖国への参拝を中止した理由として、「A級〔戦犯〕が合祀され、そのうえ松岡〔洋右《ようすけ》：元外相〕、白取《ママ》〔白鳥敏夫《しらとりとしお》：元駐伊大使〕までもが」（『日経』同日付）という天皇の言葉が記されている。

天皇の語る「A級」とは、アジア太平洋戦争後、連合国が日本の戦争犯罪者を裁いた東京裁判において、国家指導者として「平和に対する罪」に問われ、有罪判決を受けたA級戦犯者のことをさす。靖国神社は、一九七八年一〇月に着任間もない松平永芳《まつだいらながよし》宮司の判断で、それまで見送られてきたA級戦犯一四名を祭神として合祀した。天皇がとくに松岡と白鳥の名前をあげているのは、本書内でも紹介するように、天皇の反対する三国同盟を推進した外交官だからであろう。

富田メモによれば、天皇が靖国参拝を中止したのは、A級戦犯合祀が理由ということになるわけで、そのため、天皇は、「筑波《つくば》〔藤麿《ふじまろ》：前宮司〕は慎重に対処してくれたと聞いたが松平〔慶民《よしたみ》：元宮相（宮内大臣）〕の子の今の宮司がどう考えたのか易々《やすやす》と、松平は平和に強い考えがあったと思うのに親の心子知らずと思っている」（同前）と、合祀を実施した松平宮司への不満も語っている。

富田メモの存在が明らかになった後、翌二〇〇七年四月には、同じく昭和天皇に仕えた元侍従・卜部《うらべ》亮吾《りょうご》の日記の公開が『朝日新聞』ほかで報じられた。卜部の日記でも、昭和天皇の靖国神社参拝中止の理由として、A級戦犯合祀があげられており、戦後の天皇側近二人の手記や日記により、天皇・皇室と靖国神社の関係が明らかにされたことになる。

富田メモで天皇が「平和に強い考えがあった」人物として評価する松平慶民は、戦前から宮中官僚として長く天皇に仕え、とくに、敗戦後の一九四六年一月には宮相に就任し、天皇個人や天皇制の存続のため尽力した「忠臣」であった。

とくに、松平宮相ら敗戦直後の天皇側近がはたした役割で重要だったのが、東京裁判対策であり、天皇からの聞きとり作業を重ねるなど、天皇を裁判から守るために奔走していた。今日、『昭和天皇独白録』として知られる天皇の回想は、一九四六年三月一八日から四月八日にかけ、松平宮相のほか、木下道雄《きのしたみちお》侍従次長、松平康昌《まつだいらやすまさ》宮内省宗秩寮総裁、稲《いな》田周一《だしゅういち》宮内省内記部長、寺崎英成《てらさきひでなり》宮内省御用掛のいわゆる「五人の会」で聞きとりがなされ、体裁を整えた。

そして、この「独白録」の英訳版が寺崎英成により作成され、連合国最高司令官のダグラス・マッカーサー（Douglas MacArthur）の軍事秘書を務めていたボナ・フェラーズ（Bonner F. Fellers）准将のもとに渡されていたことが判明している（東野一九九八）。

すでに、マッカーサーをはじめ、GHQ（連合国最高司令官総司令部）側は、日本占領統治の円滑化のため天皇制を利用することに決め一九四六年一月の時点で、アメリカ本国にもその意見を伝えており、GHQとアメリカ政府の占領統治方針として、天皇制の存続と昭和天皇の在位が申し合わされていた。

しかしながら、敗戦直後の国際、国内情勢は、天皇制や昭和天皇にとって厳しい意見がめだっており、昭和天皇への処置については、きたるべき戦犯裁判（極東国際軍事裁判、通称は東京裁判）において、国家元首の天皇を戦争犯罪人として裁くべきだという声は、連合国の間でも根づよかった。

松平宮相ら「五人の会」による天皇からの聞きとり作業の背景には、このような差し迫った危機が存在しており、彼らは、懸命の「国体護持」運動を展開した。松平内記部長や寺崎御用掛は、GHQ関係者との情報仲介役となり、必要な情報の収集と天皇免責にむけた必死の工作に従事していた。彼ら側近の尽力もあり、天皇制の存続と天皇の免責が実現するのである。

このように、自分と皇室を救ってくれた松平慶民の息子の永芳について、なぜ、自分や皇室の考えとは異なる措置をとったのかという天皇の憤りの念が、富田メモや『卜部日記』の記述から伝わってくる。

本書では、大日本帝国憲法（明治憲法）のもとで、国家元首として君臨《くんりん》した天皇をささえていた側近たちの言動に注目し、近代日本がたどった軌跡を、側近の目からながめていくことにする。とくに、満州事変からアジア太平洋戦争へといたる昭和戦前期をおもな対象時期とし、あの悲惨な戦争がどうしておこったのかという経過をおっていきたい。

また、天皇に仕えた宮中の官僚たちを、「天皇側近」、または、「側近」と呼ぶことにする。このなかには、要職の宮内大臣、内大臣、侍従長をはじめ、宮内次官、侍従次長より下の宮中の官僚をふくむものとする。なお、元老については、本書の対象時期では、おもに西園寺《さいおんじ》公望《きんもち》のみ該当するが、元老は、側近とわけて論述していく。

また、「重臣」という政治集団については、西園寺公望の高齢化にともない、元老と内大臣が担当してきた後継首相の推薦機能を受け継ぎ、推薦協議（会議）に参加することのできた者たち、すなわち、総理大臣経験者と枢密院《すうみついん》議長をさすものとする。

近年、過去の戦争に対する歴史認識は、戦争体験者の減少と戦後の戦争を知らない世代の増加により、希薄化してきた感がいなめない。もともと、日本人の戦争認識とは、東京裁判で東条《とうじょう》英機《ひでき》をはじめとする陸軍におしつけ、ほかの政治勢力や一般民衆の戦争責任を軽視してきたなかで形成されてきた。そのため、戦後の国民には、「一部の陸軍軍人が国民をだましてはじめたもの」という戦争認識をもつ傾向がつよかった。

たしかに、満州事変以降の歴史のなかで、陸軍が主導して日中戦争やアジア太平洋戦争へとつきすすんでいったことにまちがいはない。ただ、当時の権力集団は、陸軍だけではなく、政党、官僚、海軍、そして、なにより国家元首であり、「大元帥」である天皇と、彼をささえる側近もいたのである。戦争にいたる過程をみていくうえで、これらの政治勢力の動向にも目をむけるべきである。

とくに、この時代の側近は、現在の象徴天皇制下における宮内庁の職員とは比べものにならないほどの規模と独立性、そして、政治的影響力をもっていた。本書でおもに取りあげる内大臣の三名、牧野伸顕《まきののぶあき》、湯浅倉平《ゆあさくらへい》、木戸幸一《きどこういち》の言動だけに注目しても、いかに、戦前・戦中期の側近が政治的に重要な役割をになっていたかが理解できるはずである。

戦争の時代をみるうえで、天皇側近の言動を分析する作業は欠かせないであろう。そのため、本書では、近代日本におこった重要な政治外交問題につき、これまでの研究のように、政府や軍部からの視点ではなく、側近たちの視点から論をすすめていく。

なお、引用史料のうち、原文がカナ表記の史料については、すべてひらがな表記に修正し、適宜濁点、句読点をおぎない、必要な情報は、〔　〕内に表記した。地名や人名についても、旧字体は常用漢字に改めておいた。また、史料文中の言葉や語句について、現在では差別的な表現とされるものもふくまれているが、資料としての性格上、そのまま引用することをあらかじめことわっておく。

明治憲法体制と天皇側近

明治期から大正期における天皇側近

明治憲法体制と天皇側近の役割

明治維新後、藩閥政府の指導者たちが推進する欧米流の近代国家建設、とくに中央集権国家体制づくりの過程において、国民からの協力をえるべく利用されたのが、「万世一系《ばんせいいっけい》（神代から永久に続く皇統のこと）」の天皇の権威と権力であった。そのため、天皇は、大日本帝国憲法（明治憲法）で「統治権を総攬《そうらん》」する国家元首と規定され、同時に「神聖不可侵《しんせいふかしん》」で政治的責任を負わないと明記されていた。

つまり、天皇は、行政・司法・立法の三権をはじめ、軍事指揮権を意味する統帥権《とうすいけん》など、日本を統治する重要な権利を専断で行使できる地位にありながら、政治的な責任を負わないと規定されていたのである。よって、宮中・府中《ふちゅう》（政治）や軍事に関する問題につき

表1　明治期〜大正後期における主要側近一覧

役職	1885年〜			大正時代〜				
内大臣	三条実美 (1885.12.22)	徳大寺実則 (1891.2.21) →		桂太郎 (1912.8.13)	伏見宮貞愛親王 (1912.12.21)	大山巌 (1914.4.23)	松方正義 (1917.5.2)	平田東助 (1922.9.18)
宮内大臣	伊藤博文 (1885.12.22)	土方久元 (1887.9.17)	田中光顕 (1898.2.9)	岩倉具定 (1909.6.16)	渡辺千秋 (1910.4.1)	波多野敬直 (1914.4.9)	中村雄次郎 (1920.6.18)	牧野伸顕 (1921.2.19)
侍従長	徳大寺実則 (1884.3.21) →			波多野敬直 (1912.7.30)	桂太郎 (1912.8.13)	鷹司熙通 (1912.12.21)	正親町実正 (1918.5.27)	徳川達孝 (1922.3.22)

『日本史辞典』（岩波書店），『日本近現代史辞典』（東洋経済新報社），『戦前期日本官僚制の制度・組織・人事』（東京大学出版会）をもとに作成.
＊　徳大寺実則（1891年以降）と桂太郎は，内大臣と侍従長を兼任.

天皇を補佐し、実質的にその責任を負う機関や役職が設けられることになった。

　三権について、行政権は、各国務大臣がそれぞれ天皇を輔《ほ》弼《ひつ》し、立法権は、帝国議会が天皇の協賛《きょうさん》機関とされ、司法権は、裁判所が天皇の名において行使した。また、軍事をつかさどる統帥権については、軍の命令、指揮をつかさどる参謀本部（陸軍）と軍令部（海軍）が、天皇を助ける「輔翼《ほよく》」機関とされた。

「輔弼」や「輔翼」とは、『広辞苑』に、「①天子の政治をたすけること、②明治憲法の概念で、天皇の行為や決定に関し進言し、その結果について全責任を負うこと」と記されている。広義でいう場合は①の説明で、とくに、明治憲法体制下の政治用語として狭義に使用する場合は②の説明にあたる。本書では、②の意味で「輔弼」の語句を使用していく。

　国務や統帥と同様、宮中についても、維新後、数度にわたる制度・機構改革をともないながら、しだいに整備されていった。宮中制度の確立で画期となったのは、立憲君主制の確立をめざして、一八八五年（明治一八）に中央官制が太政官《だじょうかん》制から内閣制度へと移行したことにより、「宮中・府中の別」が明確となり、宮内省が内閣から独立して設置されたことであった。

明治期、大正期の天皇側近

内閣制度移行後、明治期における天皇側近は、元老の伊藤博文《いとうひろぶみ》と山県有朋《やまがたありとも》の支配下にあった。彼らは、宮中の職務に従事することがほとんどで、独自の判断で政治に関与することはなかった。政治的な活動をおこす場合でも、それは明治天皇や伊藤、山県らの命令や意思を受けたうえでの行動であり、自分たちの判断で動くことはまれであった。

しかしながら、内閣制度発足以前まで太政大臣として国政のトップにすえられてきた三条実美《さんじょうさねとみ》を処遇するため、一八八五年（明治一八）に新たな宮中官職として内大臣職が設置されると、天皇側近の「非政治性」に変化が生じる。三条の内大臣在任中、「宮中・府中の別」の原則は適用されず、それればかりか倒幕以来の藩閥《はんばつ》政府との関係から、内閣を支援すべく政治関与も公的に認められた存在であった。

ただし、内大臣による政治関与の公認という状況は、三条の死（一八九一年）と徳大寺実則《とくだいじさねつね》侍従長の長期間にわたる内大臣兼任時代を経ると、内大臣も侍従長と同じような非政治的な宮中官僚として認識されるようになる。そのため、大正期を迎えるころには、天皇側近による「府中」(政治)への関与自体、否定されるような空気が生じていった(川口一九九九)。

伊藤の死後、宮中は山県によって支配されていたが、一九二〇年から二一年にかけて問題化した宮中某重大事件により、宮中を支配してきた元老山県は、その影響力を一気に喪失させてしまう。

一九一九年(大正八)六月に皇太子裕仁《ひろひと》親王との婚約が内定していた久邇宮良子《くにのみやながこ》の実家、久邇宮家の母系の島津家に色覚障害の遺伝があることが判明した。山県、松方正義《まつかたまさよし》、西園寺公望《さいおんじきんもち》の三元老、そして、原敬《はらたかし》首相らは、純潔な皇統を維持する「純血論」の立場から婚約破棄を主張していく。いっぽう、すでに皇太子、久邇宮家の了解を経て、婚約が内定している以上、婚約を履行すべしという「人倫論」の立場には、東宮御学問所御用掛をつとめ、皇太子の教育にあたった杉浦重剛《すぎうらじゅうごう》、さらに、頭山満《とうやまみつる》ら右翼勢力がいた。

山県は、婚約破棄を強く主張し、以前から職務態度に好意をもてなかった波多野敬直《はたのよしなお》宮相を、色覚障害の危険性を十分に認識していなかったとして更迭《こうてつ》して、後任に、陸軍出身で山県閥の中村雄次郎《なかむらゆうじろう》をすえ、宮内省を婚約破棄論で一本化させた。そして、久邇宮家に皇統の純血を守るため、婚約を辞退するよう勧告した。権力者の山県をはじめ、松方、西園寺の元老、原首相も婚約破棄に同意している以上、事態は婚約破棄の方向に流れかけた。

しかし、杉浦重剛や頭山満ら右翼による激しい山県批判や、マス・メディアや政界にも問題が飛び火し、反山県の気運が盛り上がったため、形勢は逆転していく。久邇宮家は山県らの婚約取消しの勧告を拒否し、婚約履行を主張した。

結局、婚約内定は取り消されることなく、一九二一年二月一〇日、婚約に変更のない旨が宮内省から発表された。同月一九日、中村宮相は責任をとって辞任し、婚約破棄を主張してきた山県も松方とともに、元老としての地位や枢密院議長など、「官職並《ならび》に栄典の拝辞」(原奎一郎編『原敬日記』五)を願いでた。山県らによる栄典返上願いは、大正天皇の優諚《ゆうじょう》がくだされて許されることになったものの、この問題で山県が受けたダメージは甚大で、以後、元老としての政治的影響力を大きく後退させることになった。

牧野伸顕宮相と新しい皇室像

皇室や政界が宮中某重大事件で揺れていた一九二一年(大正一〇)二月、辞任した山県系の中村雄次郎に代わり、大久保利通《おおくぼとしみち》の次男で牧野家の養子となっていた牧野伸顕《まきののぶあき》が新しい宮相に就いた。牧野を宮相に推薦したのは、同じ薩摩出身の元老松方であり、山県は宮中某重大事件での政治的敗北をうけ、牧野推薦という宮中人事に関与できなかった。老齢で、政治的な影響力を大きく後退させていく山県にたいし、新しく宮中をささえる要職に就いた牧野宮相は、従来の元老のいいなりであった天皇側近から、「天皇・元老の機能を分有する」ような(伊藤一九九九六）、政治的な役割を果たす天皇側近として台頭していくのであった。

牧野伸顕は、早くから伊藤博文の知遇を得ており、その後二度にわたる西園寺公望内閣において、それぞれ文部大臣、農商務大臣として入閣したことから西園寺との交友も厚く、政友会が与党であった第一次山本《やまもと》権《ごん》兵衛《べえ》内閣でも外務大臣を務めていた（牧野伸顕『回顧録』上下）。

さらに、第一次世界大戦の戦勝国が集った一九一九年のパリ講和会議には、首席全権の西園寺を支える次席全権として参加し、その功績から子爵を授けられている。

図1　牧野伸顕

このような前歴からうかがえるように、宮相就任時における牧野の政治的立場は、伊藤博文や西園寺公望、原敬ら伊藤系の政治家と近いところにいた。そして、薩摩出身ということから松方や山本権兵衛を中心とする薩派とも関係を保っていた。牧野が私淑していた彼らの政治思想に共通するのは、外交政策面での協調外交であり、国内政治面では、元老政治のような恣《し》意《い》的で不安定な政治体制を改善していく点にあった。

新しく宮相に就任した牧野には、さまざまな問題や矛盾があらわれはじめた皇室を立て直すため、多くの課題が山積していた。第一次世界大戦の衝撃と、戦後の国際的な民主主義の潮流、その影響の一端でもあるヨーロッパ各国における君主制国家の崩壊、そして、皇太子の訪欧旅行など、各種の出来事から必然的にもたらされる影響として、牧野は旧来通りの宮中制度、体制からの転換を余儀なくされていった（鈴木二〇〇〇）。

一九二一年一一月に牧野が記した覚書原稿において、まず、第一次大戦による「世界的思潮の変動は、其《その》不健康なる極端なる向《むき》は暫く考慮の外に置くとする」と、大戦後の思想風潮の変化に注意を払いつつ、国内において皇室のことを心配する者が増えてきたことは結構なことで、その分、「帝室に対する御期待も種々起つたのである」（「大正十年備忘録」「牧野伸顕関係文書」C五八、国立国会図書館憲政資料室所蔵）と分析している。つまり、牧野は、民衆の尊皇心に応えるため、皇室側からの施策が必要であるという境地にいたったのである。

そのため、牧野は、民衆からの皇室への期待にこたえるため、宮中改革に着手し、宮中における行財政整理や、人員整理、女官制度改革のほか、各種医療、福祉施設への御下賜《かし》金授与に代表される皇室の社会事業への取り組み、皇室と国民との接近をはかる積極的な行幸啓《ぎょうこうけい》の敢行など、次々と行動をおこしていった。

原敬と関屋貞三郎

牧野宮相が宮中改革を推進していくうえで、彼の仕事に理解を示し、援助の手をさしのべる二人の人物がいた。一人は、牧野の宮相就任当時に首相の地位にいた原敬である。前述のように、牧野と原は、西園寺内閣時代から閣僚として政権をともにし、政治思想も共通するところが多かった。それまで山県系官僚や元老によって占められてきた天皇側近に、自分と政治思想の近い友人が就くことは、原にとっても利点が大きかったといえる。

イギリス流の議院内閣の確立をめざす原にとって、政治のことは政党内閣が責任をもって担当し、皇室の担当については、「皇室は政策に直接関係なく、慈善恩賞の府《ふ》たる事とならば安泰なりと思ふ」(『原敬日記』五)と述べているように、皇室を政治に関与させず、恩賞授与など、現在の象徴天皇制に近い形式に限定させようと考えていた。

宮相就任後、牧野は、宮中某重大事件の処理、山県・松方両元老の栄典拝辞問題、大正天皇の病状公表問題、皇太子裕仁の摂政《せっしょう》就任問題などをめぐり、原首相にその経過を知らせ、ときに自身の判断の是非を問うこともあった(同前)。また、原も、牧野が宮中の人事権を実質的に掌握してきた山県の推薦を経ずに宮中入りした経緯にも留意し、牧野と山県の間をとりもつような配慮をみせていた(坂本一九九八)。

山県にとっても、牧野宮相は自分の影響力のおよばない人物であり、摂政設置問題では原首相を介して牧野の考えを探ろうとしていた。そもそも、摂政設置問題は宮中に関する重要問題であり、牧野以外の天皇側近と事を進めていくことも可能であった。しかし、山県は、「松方内大臣も正親町《おおぎまち》〔実正《さねまさ》〕侍従長も頼《たより》にならず、専《もっぱ》ら宮相の措置にまたざるべからず」（『原敬日記』五）と語っており、宮中のことについて、牧野を相談相手からはずすことはできないと判断していた。

そのため、山県は、摂政設置問題に限らず、牧野と薩派との関係、伊東巳代治《いとうみよじ》枢密顧問官との関係、その性格など、牧野に関する事柄を原首相にたずねている。原も、そのつど、牧野の性格などにつき自身の牧野評を率直に山県に伝えている。概して、原の牧野評は、友人ということもあり、好意的である（同前）。

牧野宮相にしても、宮中の仕事をこなしていくうえで、山県の意見を無視できるはずもなく、その意味で、原首相が山県との意見調整役にあたってくれたことは、大きな援助になっていたものと思われる。そのため、原が一九二一年（大正一〇）一一月四日、東京駅で刺殺されるという悲報を聞いた牧野は、「内外実に驚愕《きょうがく》、心事　悉《ことごと》く可《べ》きにあらず」「内外今日の場合殆《ほと》んど収拾す可からざる局面を呈《てい》する事となる。（中略）前途憂慮に堪へず」（伊藤隆／広瀬順晧編『牧野伸顕日記』）と、落胆するとともに、今後の政局や宮中職務への不安を日記につづっている。

牧野宮相を支えたもう一人の人物は、宮相就任直後の一九二一年三月、直属の部下である宮内次官に就任した関屋貞三郎《せきやていざぶろう》である。一八七五年、栃木県に生まれた関屋は、東京帝国大学卒業後に内務省に入り、台湾や関東州、朝鮮など植民地での勤務を経て、一九二一年当時、静岡県知事を務めていた。その関屋を宮内次官として迎えたのが牧野であった。牧野は弟の大久保利武《としたけ》からの推薦をうけ、みずから関屋を説得したという（大久保一九九六）。

図２　宮内次官就任日の関屋貞三郎
（『東京朝日新聞』1921年３月10日夕刊）

直属の部下である宮内次官に、職務遂行上の協力者であり、政治思想面での理解者でもある関屋を配したことで、牧野は関屋とともに、種々の宮中改革を断行していった。牧野宮相らは、摂政裕仁の望んだ女官制度改革をはじめ、省内の守旧派の更迭と人事の一新、社会事業への取り組みなどの諸改

図3　西園寺公望

革を一気に推し進めていった。

関屋次官は、牧野が上司である宮相を辞して内大臣に転じた後も、牧野の秘書的な役割をはたしていた。牧野の部下となる内大臣秘書官長の人選にあたっては、みずから適任者を推薦したり、候補者を訪ねて就任を説得する役割を担っていた。そのさい、関屋は、内大臣という役職の重要性を語るとともに、牧野の人格の偉大さを伝えており（「大塚常三郎文書」六七―一、国立国会図書館憲政資料室所蔵）、関屋が、心から牧野を尊敬していたことがうかがえる。

西園寺の牧野への信頼

牧野にとって、宮相としての職務を遂行していくうえで、原首相や関屋宮内次官と同様、もしくは、それ以上に重要な人物がいた。元老の西園寺公望である。もともと、西園寺と牧野は、西園寺内閣時代の閣僚経験、パリ講和会議での首席、次席全権という関係もあり、非常に良好な関係にあった。山県有朋、松方正義という元老が一九二〇年代前半に高齢による衰弱、相次ぐ死を迎えるなか、唯一の元老となる西園寺は、老いてなお政治的な見識を高め、元老としての威厳と政治機関間の調整能力を備えつつあった（伊藤二〇〇五）。

西園寺と牧野は、後述していくように、天皇の政治関与のあり方、一九三〇年代における軍部台頭への対処法など、政治面について、意見をたがえることも多かったが、宮中のことについては、基本的な考えの違いはなかった。

西園寺の牧野に対する信頼を示す例として、牧野が実行した宮中改革への西園寺の姿勢があげられる。とくに、牧野宮相（内大臣転任後も）と関屋宮内次官がおこなった宮内省の人員整理は、明治期以来の長きにわたって皇室に仕えてきた勤務者を更迭しなければならなかったため、批判の声も強かった。牧野や関屋を批判するグループのなかには、西園寺の婿養子にあたる西園寺《さいおんじ》八郎《はちろう》式部次長（宮中儀礼の管理）も含まれていたが、西園寺は、八郎ら反牧野グループによる工作にくみせず、牧野を支持する姿勢を貫いた（伊藤二〇〇五）。

牧野グループの形成

牧野宮相の政治関与

牧野の政治関与といえば、一九二五年（大正一四）の内大臣就任以降の言動が注目をひくところであるが、すでに宮相時代から、さまざまな政治活動を繰り広げていた。この点につき、牧野は、前出の一九二一年一一月の覚書原稿でも、「帝室の御聖徳《せいとく》を傷つけざる様に致したい、聖徳を蔽《おお》ひ奉《たてまつ》る様のことがありとすれば此《これ》を除き度《た》い、（中略）更に君徳《くんとく》を発揚し奉ることがありとすれば努めてこれを行ひ度いのであります」（前掲「大正十年備忘録」）と記しているように、「君徳発揚」の重要性を早くから認識していた。実際、牧野は、宮相という地位にもかかわらず、摂政《せっしょう》宮裕仁《ひろひと》への教育輔導《ほどう》にはじまり、元老制度の再編を意味する後継首相奏請方式の改正への積極的な関与など、宮相の職域を越えた政治活動にかかわっていく。

牧野宮相が最初に関与した大きな政治問題は、摂政設置問題であった。皇太子裕仁を摂政にすえる案件は、一九一九年夏頃から政界、宮中で協議されてきた。政界で中心的役割を果たしたのが山県と原首相であり、宮中では、牧野宮相がその役をになった。その後、皇太子の訪欧視察旅行を経て、原の突然の暗殺という不祥事もありながら、一九二一年一一月二五日、皇族会議と枢密院《すうみついん》会議で摂政設置が承認された（永井二〇〇三）。

元老や牧野宮相ら天皇側近にとって、天皇の代行をつとめる摂政の輔導は重要な任務であった。皇太子の訪欧旅行に供奉《ぐぶ》長として付きしたがった珍田捨巳《ちんだすてみ》枢密顧問官は牧野に対し、帰国後、皇太子の性格について、落ち着きのない点、研究心の足りない点を欠点としてあげ、「今後一層の御輔導を申上ぐべき旨」（『牧野日記』）を語っていた。

また、一九二二年一月二八日には、摂政裕仁が牧野宮相を呼び、日勤制の導入など女官制度の改革を提言した。旧弊を打破しようという摂政の意気込みに、牧野は「前途乍恐《おそれながら》頼母敷《たのもしく》存《ぞんじ》上《あ》ぐる次第なるが、一方に於ては御輔導益々《ますます》大切なり。君側《くんそく》の人選一層肝心なるを感ず」（同前）と、性急な摂政を輔導していく必要を強く認識するのであった。

「元老制度」再編運動

牧野宮相は、摂政の輔導と「君側の人選」という課題を同意義にとらえていた。そのため、宮相時代の牧野が関わった政治活動の一つに、元老制度の再編ともいえる元老再生産、「準元老」擁立運動があげられる。明治期以来の元老は、一九二二年（大正一一）二月の山県有朋《やまがたありとも》死後、わずかに松方正義《まつかたまさよし》と西園寺《さいおんじ》公望《きんもち》の二名だけとなっていた。しかも、松方は八〇歳代、西園寺も七〇歳代という高齢であり、近い将来に両者ともいなくなる事態を考慮せねばならなかった。元老は、後継首相奏請《そうせい》という重要な責任を担い、そのほか、さまざまな問題につき、天皇の相談にあずかる終身の政治顧問として、絶大な影響力を保持する身分であった。

大正期になると、政権担当能力を向上させた政党勢力の伸長により、政党内閣による政権運営が機能し始めていた。しかし、後継首相奏請については、元老制度確立以降変化がなく、高齢の松方、西園寺に委ねられたままであった。この状況において、新たに元老を任命したり、元老に準じた重臣を配置することで、不安定な後継首相奏請方式の改正が提唱されてくるのは、ある意味当然であった。牧野も、この元老再生産に同調し、特定の大物政治家の「準元老」化運動に関係していく。その際、牧野らが「準元老」として想定していたのが、当時の枢密院議長の清浦奎吾《きようらけいご》と、海軍長老の山本権兵衛《やまもとごんべえ》の二名であった。

清浦奎吾の場合、山県系官僚としての政治経歴と、当時、天皇の諮問機関である枢密院の議長を務めていたことが重臣としての地位を高めていた。山本権兵衛は、海軍軍人出身でありながら、柔軟な政治思想をもち、首相としての前歴もあり、こちらも重臣としての素養は十分であった。世間からも、この両者は元老に次ぐ政治家として評価されており、牧野らによる「準元老」化運動を後押しする雰囲気もととのっていた。そして、元老の松方自身が、清浦と山本の「準元老」化を支持する姿勢を示した。

　松方の了解を得た牧野宮相は、一九二二年六月の高橋是清《たかはしこれきよ》内閣総辞職をうけ、後継首相奏請の協議に、清浦、山本を参加させようと工作する。内大臣の松方は、本来、後継首相奏請に参加する資格のない牧野宮相と協議し、後継首相に加藤友三郎《かとうともさぶろう》海相を推すことをとり決めた後、摂政裕仁には、清浦と山本の両名と相談のうえ奉答《ほうとう》するよう言上した。

　その後、松方内大臣と牧野宮相が清浦と山本の意見を聴取し、彼らの一致した意見として加藤が奏請される（『牧野日記』）。松方や牧野が企図したように、従来、元老に限定されていた後継首相奏請協議の場に、清浦と山本が参加した形式となったのである。また、次の第二次山本権兵衛内閣の成立に向けても、牧野はみずから収集した政治情報を西園寺に伝え、山本奏請への流れをつくっている。

　しかし、清浦、山本の「準元老」化に西園寺は反対であり、第二次山本権兵衛内閣の奏請では、元老のみによる選定方式にもどすよう牧野へ伝えている。後継首相奏請方式に関する西園寺の考えを知った牧野は、いったん「準元老」化運動から身をひくことになる。だが、以後も牧野の脳裏から元老後の体制という課題が離れることはなかった。とくに、牧野は山本を政治家として高く評価しており、「今は西園寺、山本の公伯を除きては群を抜く人なし」（同前）と、元老の西園寺と同列にみなすほどであった。よって、軍部が台頭してくる一九三〇年代になると、牧野は、再び山本の起用を考案するようになる。

宮相時代の牧野は、摂政裕仁の信頼のもと、関屋宮内次官や珍田東宮大夫《とうぐうだいぶ》（皇太子の世話役の長）などの協力者を得て宮中改革を断行していった。そして、徐々に宮中での主導権を掌握していき、松方、西園寺の両元老とも後継首相奏請や政情の伝達役として通じ、政治面にも深く介入するようになった。牧野は、宮中職務のみを履行する天皇側近の枠を越えた存在感を示すようになっていく。

牧野の内大臣就任

一九二五年（大正一四）三月三〇日、病気を理由に辞任した平田東《ひらたとう》助《すけ》内大臣に代わり、宮相の牧野が内大臣へと転任した。すでに、前年から辞意をもらしていた平田の後任問題につき、松方正義の死後、唯一の元老となっていた西園寺を中心に人選が協議されていた。一時は、海軍軍人の東郷平八郎《とうごうへいはちろう》元帥や斎藤実《さいとうまこと》朝鮮総督などの名前もあがり、是非が論じられたものの、適任と認定されるにいたらなかった（同前）。

結局、退任する平田の希望と西園寺の同意により、牧野が内大臣に就任することになった。同時に、牧野の後任の宮相人事についても、西園寺と平田、牧野らの間で協議した結果、一木喜徳郎《いちききとくろう》枢密院副議長が適任とされ、牧野の内大臣就任と同日、宮相に就任した。

牧野は、四年間におよぶ宮内大臣の経歴をいかし、依然として宮内省に影響力を保持し続けていく。牧野は、それまで職務区分の明確だった宮内省と内大臣府を横断する体制を築きあげていき、宮内省内の部局でありながら天皇の世話係という職務柄、自立した傾向をみせていた侍従職と合わせ、宮中全体を支配するようになっていった。

また、平田内大臣期に西園寺が採用した後継首相奏請時の元老・内大臣協議方式は、牧野の内大臣就任後、さらに徹底され、元老亡き後は内大臣の責任で協議すべき人を選定するという案が西園寺から摂政裕仁に上奏された。牧野は、内大臣就任から一年半以上も経過した一九二六年一〇月に西園寺からこの件を聞かされ、内大臣の職務の重責に驚くとともに、自らも気付いた点を西園寺へ参考意見として伝えたいと、その意気込みを日記に記した（永井二〇〇三）。

図4　一木喜徳郎

牧野は、元老とともに後継首相の推薦に参加するような、政治に関する大きな権限まで手中におさめることになった。「宮中・府中」の両面で強大な権限を保持する牧野内大臣の存在は、宮中だけでなく、その後の政局にも多大な影響を及ぼすこととなる。

牧野内大臣による摂政輔導

牧野内大臣は、就任直後から摂政輔導の一環として、摂政への政情報告をおこなっていく。一九二五年（大正一四）四月一一日には、護憲三派内閣内部における各政党間の対立状況や内閣総辞職の可能性などを言上し、摂政から高橋是清農相（兼商工相）の進退につき下問を受けた（『牧野日記』）。

牧野は、摂政に政治上の練習のため、時々政局の経過について報告することを内大臣の職務とし、その後も、加藤高明《たかあき》首相に摂政への政情報告を依頼するなど、積極的な輔弼を心掛けていく。ただし、牧野の政治思想は当時の憲政会《けんせいかい》よりで、政友会《せいゆうかい》に批判的だったため、牧野から政情報告を受ける摂政の政治思想も、牧野に近いものとなっていった（伊藤二〇〇五）。

牧野内大臣による摂政への政情報告について、後年、元宮内次官の石原健三《いしはらけんぞう》が倉富勇三《くらとみゆうざぶ》郎《ろう》枢密院議長に対して、前任の平田と比較しながら、以下のように語っている。

> 平田（東助）が内大臣たりしときも滅多に何事も申上げざる故《ゆえ》自分（石原）等は時々申上ぐる様に勧めたるも平田は余り度々《たびたび》申上ぐると例となりて御注意あらせられざる様になる故成《な》るべく拝謁せざる方宜《よろ》しと云《い》ひ居りたり　今の内大臣（牧野伸顕）は一週に一回位より出勤せざるならんと云ふ（「倉富勇三郎日記」一九二三年三月二四日条、

国立国会図書館憲政資料室所蔵）

石原によると、前任の平田東助があえて摂政への政情報告を控えていたのに対し、牧野は内大臣府へ出勤した際、積極的に拝謁していると語っている。旧側近者の目からみても、平田内大臣と牧野内大臣では、輔弼の姿勢に大きな違いがあるとうつっていた。

また、牧野内大臣の輔弼スタイルの特徴として、君主である天皇が明確な政治意思を有し、政治の非常時には、その意思を政府に伝達して聖旨に沿うような政治運営を求めていたことがあげられる。研究者の伊藤之雄氏は、牧野の輔弼スタイルの背景として、明治天皇を決断力のある君主像として理想化していた点を強調している（伊藤二〇〇五）。

牧野の明治天皇像については、牧野自身、『回顧録』のなかで、「我が陛下は理想的な君主であらせらる」と語っており、その理由について、維新以来の有能な政治家の長所を採りながら、個人的な好悪に関係なく起用し、各政治家も天皇からの信任を感じて、最善の努力を尽くしていると述べている（『回顧録』上）。

牧野によれば、明治時代のように、天皇に信任された各政治家は「最善の努力を尽く」さねばならないのであり、いい加減な政権運営を行った場合、天皇の信任が去っていくことになる。後述する田中義一《たなかぎいち》首相は、まさに、このパターンで天皇や牧野らの信任を失い、叱責されて総辞職することになる。

政治評論家の馬場恒吾《ばばつねご》は、内大臣時代の牧野を評して、「何《いず》れの内閣に対しても、牧野の態度は、陛下の御信任のあらせられる内閣ならば、内大臣としては其《その》内閣が、政策を行ふ事を援助こそすれ、邪魔をすべきでないと云ふのであるらしい」(馬場恒吾『現代人物評論』)と語っている。言い得て妙といえる表現である。

牧野グループの形成

牧野内大臣による積極的な政治関与の姿勢は、牧野の支配下にある宮中においで、ほかの天皇側近にもその姿勢が伝播していった。そして、大正後期から昭和初期にかけ、宮中において、牧野グループとも呼べるほどの側近陣容を整えていく。

昭和初期から一九三〇年代初頭にかけ、牧野内大臣とともに天皇側近の要職を占め、牧野グループを形成していたメンバーとして、一木宮相、関屋宮内次官、珍田侍従長(のち鈴木貫太郎)、河井弥八《かわいやはち》内大臣秘書官長(のち侍従次長)がいた。

一木はもともと山県系官僚で法律に詳しく、西園寺や平田内大臣の意向により宮相に就任した。関屋は、牧野宮相の希望により宮内次官にすえられた。珍田も牧野との付き合いは古く、第一次山本内閣時には、駐米大使として牧野外相とともにアメリカとの間で懸案になっていたカルフォルニア州の日本人移民排斥問題の解決に尽力し、パリ講和会議では駐英大使の身分にあり、全権団の一員として西園寺や牧野らを支えていた(『回顧録』下)。

図５　鈴木貫太郎

図６　河井弥八

鈴木貫太郎は、軍令部長時代の海軍演習に参加した際の態度をみた珍田侍従長が鈴木の人柄にほれ、牧野と一木の強い要請で侍従長に就任した経緯があった（鈴木貫太郎伝記編纂委員会編『鈴木貫太郎伝』）。鈴木から侍従長就任の内諾を得た牧野は、「近年宮中の重職の人選として先《ま》づ理想的と云ふを得べし」（『牧野日記』）とまで評している。河井の内大臣秘書官長への選定でも、牧野と一木が協議のうえ、関屋から要請している。

侍従長就任直後の鈴木は、河井侍従次長から田中首相の天皇を利用した政治運営と、宮中勢力内で田中への批判が高まっている状況につき教示された（高橋紘ほか編『昭和初期の天皇と宮中　侍従次長河井弥八日記』三)。鈴木自身も、侍従長就任直後の職務に不慣れな時期に、侍従から天皇の日常のことを聞き、「侍従次長をしていられた河井弥八君からたすけられて、逐一河井君によってその日のことを修練することができた」(鈴木貫太郎『鈴木貫太郎自伝』)と回想している。また、鈴木の侍従長就任とほぼ同じ時期に、河井の後任として岡部長景《おかべながかげ》が内大臣秘書官長(兼式部次長)に就いた際にも、岡部は、牧野内大臣、関屋宮内次官、河井侍従次長とそれぞれ会見し、宮内省や職務のことのほか、一般政情や右翼勢力の動向、田中首相による政権運営への批判まで聞き取っていた(尚友倶楽部編『岡部長景日記』)。

鈴木侍従長や岡部秘書官長が就任した時期は、昭和天皇や牧野内大臣らが田中首相の政治姿勢に対する不満を鬱積《うっせき》させていた時期であったため、両者は牧野グループの関屋や河井を通じて、田中内閣に批判的な牧野の政治思想や輔弼の考え方にいち早く順応していった。

西園寺の庇護　牧野が宮中において、宮内省と内大臣府を横断した自身の勢力を築くことができたのは、宮中の最終意思決定者である元老西園寺の協力があったからである。西園寺は、宮中業務に関して牧野の自由裁量に任せることが多かった。また、牧野が体制を構築していった宮内省と内大臣府との間の横断的な関係について、本来は官制も異なり、職務規定が明確に区別されているはずにもかかわらず、西園寺は、むし

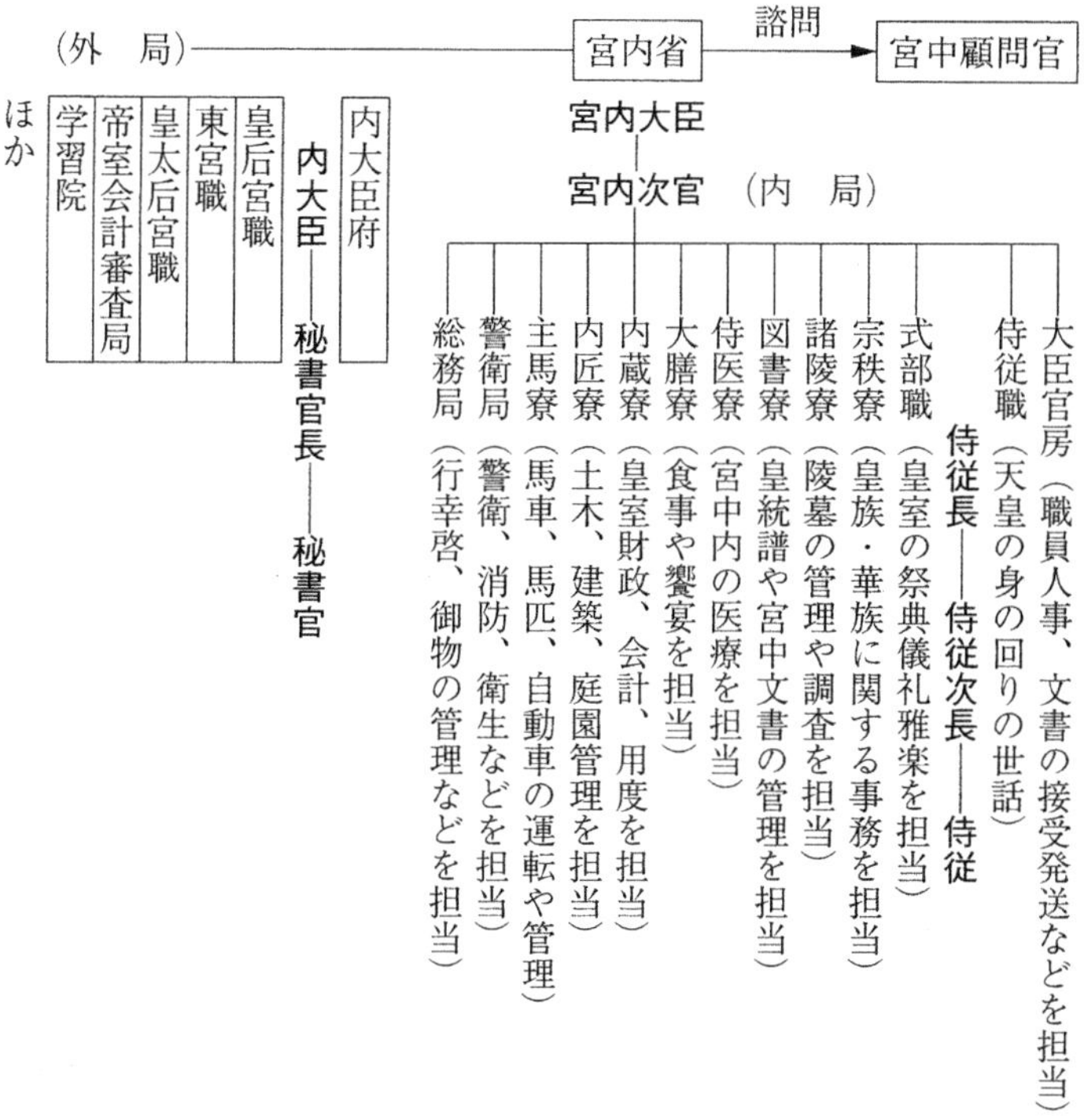

図７　明治憲法下における宮中組織

（図の組織は，敗戦時〈1945年８月〉における組織をしめしたもの．井原頼明『増補皇室事典』〈冨山房，1979年〉，百瀬孝ほか『事典昭和戦前期の日本』〈吉川弘文館，1990年〉をもとに作成）

ろ君徳輔導の観点から好ましいと理解していた。西園寺にとっての理想的な側近体制とは、穏健で強固な政治意思をもつ側近が協力しあいながら天皇を輔弼することであり、とくに、内大臣、宮相、侍従長といった宮中上層部間の意思の疎通を重視していた。

西園寺自身、「摂政殿下には政務世事等に関し広く御通暁《つうぎょう》あらせらるるやう、各方面より啓沃《けいよく》し奉らざるべからず。国務大臣、内大臣、宮内大臣等の重要任務なり」（『河井日記』六）と、河井内大臣秘書官長に語っている。西園寺は、君徳輔導の役割について、官制にとらわれず内大臣や宮内大臣が協力して輔弼にあたるべきだと考えていたのである。

牧野グループの政治関与

牧野グループによる職域を越えた政治関与については、第一次若槻礼次郎《わかつきれいじろう》内閣期からその形跡がうかがえる。一九二七年（昭和二）四月、金融恐慌で倒産の危機におちいった台湾銀行を救済すべく、若槻内閣が緊急勅令《ちょくれい》として台湾銀行への特別貸し出しを実施しようとしたところ、天皇の諮問《しもん》機関である枢密院において、伊東巳代治《いとうみよじ》ら若槻内閣の協調外交に批判的な保守系顧問官の策動により否決されてしまう。内閣総辞職の可能性が高まった状況で、牧野は、一木宮相、珍田侍従長、河井侍従次長と後継首班につき協議した（『河井日記』一）。

第一次若槻内閣が総辞職すると、天皇は牧野内大臣に後継首相につき下問し、牧野は河井侍従次長を西園寺のもとへ遣《つか》わして、政友会総裁の田中義一を候補とする旨を伝えさせた。田中の推薦については、すでに牧野と一木、珍田、河井の協議において意見が一致していた。この頃の後継首相奏請方式は、西園寺の取り決めた「元老・内大臣協議方式」というシステムであったが（永井二〇〇三、村井二〇〇五）、今回は非公式とはいえ、そこに宮相、侍従長、侍従次長が加わっており、「元老・牧野グループ協議方式」とも呼べるシステムであった。河井侍従長は、「組閣に関しては予の意見に決定せらる」（『河井日記』一）と述べている。

牧野グループによる田中後継案をたずさえ、一九二七年四月一八日、河井侍従次長が京都に滞在中の西園寺を訪問、西園寺の同意を得て、翌日帰京する。河井は、再び牧野、一木、珍田と面会して最終的な打ち合わせをした後、天皇に拝謁し、元老、内大臣の意見として田中義一を奏請した。天皇は牧野を呼び、田中への組閣大命の降下を命じ、四月二〇日に田中内閣が発足する（同前）。

昭和初期における牧野グループ主導の側近体制の特徴は、宮中機構の垣根を越えた横断的な協力関係にあったといえる。当時の宮内省は、内局の各部局、外局の内大臣府や東宮職、皇后宮職など、職務ごとに役割が細分化された状況にあった。牧野グループは、牧野内大臣を中心に、宮中の問題や重要な政治問題について協議を交わして意見を調整していった。そして、関屋宮内次官、河井侍従次長の両名も意思の疎通につとめ、省内の各部局にも足をはこび、宮中全体の意思統一に努めていた。

昭和天皇の即位と大権意識

昭和天皇は即位直後から「統治権の総攬者《そうらん》」としての地位を自覚し、天皇大権の取り扱いについても、自分の意向を無視した恣意《しい》的な運用に厳しい目を向けていた。一九二七年（昭和二）に田中義一内閣がおこなった中央・地方の官吏異動につき、天皇は牧野内大臣に対して反対の意思をもらした。牧野も、「大権に関する事御責任に付《つき》御自覚あらせらるゝ事、国事多難の際、国家、皇室の為《た》め最も祝福すべき事」と、大権への自覚をもつ天皇の政治姿勢を評価した。さらに、牧野は、「爾来聖徳培養《じらいせいとくばいよう》の為め側近者奉仕の効〔功〕績も預《あずか》りたる事と愚考し、将来益々赤誠《ますますせきせい》を尽《つ》くすべき事と痛感せり」（『牧野日記』）と、自分たち天皇側近者の輔弼の方向性が正しかったことを認識するのであった。

省庁人事の異動という、天皇の任免大権に属する問題について、天皇は、政友会の田中内閣だけでなく、民政党の第二次若槻内閣時における内務省人事にも、「此《この》人事行政は政党色彩ある様に思はれ（中略）事務次官以下行政事務官の政党化を避くる様注意を与へ置かれたし」（「牧野伸顕関係文書」五一八―六、国立国会図書館憲政資料室所蔵）と、牧野から政府に注意を下すよう指示していた。その後、天皇の希望どおり、牧野は若槻に対し注意をあたえている。

天皇は、明治憲法に規定された天皇大権の恣意《しい》的な運用を厳しく戒めていた。それは、国務に属する任免大権や外交大権、統帥に属する統帥権であっても変わりなく、これら大権の輔弼機関である内閣や統帥部に適正な行使を求めていく。それだけ、天皇の君主としての大権に対する意識はつよかったのである。

政党内閣期の外交危機

張作霖爆殺事件

一九二八年（昭和三）六月四日、「満州」地方の支配をもくろむ関東軍の河本大作《こうもとだいさく》らの謀略計画により、奉天《ほうてん》軍閥の指導者であり、時の北京《ペキン》政府の支配者であった張作霖《ちょうさくりん》の乗った列車が、奉天近郊で車輛《しゃりょう》ごと爆破、殺害されるという重大事件がおこった（張作霖爆殺事件）。河本らは、張の爆殺を中国側の仕業にみせかけ、関東軍を出動させる計画をたてていたが、関東軍内の連携不足から実行できなかった。日本側の手によって張を殺害したという真相は、すぐに現地から日本にも伝わり、西園寺や牧野内大臣の耳にも、早い段階で事件の真相が伝わっていた。

田中首相は、関東軍の謀略によって張が殺害されたことを確認すると、同年一二月二四日、天皇に対し、事件の真相公表と日本側の犯人を軍法会議にかけることを上奏した。すでに、田中は、同様の件を牧野内大臣と珍田侍従長にも伝えていた（『河井日記』二）。

しかし、このような田中首相の真相公表と厳重処罰の方針は、閣内や陸軍からの反発をうけ、上奏したはずの事件の処理方針を転換させてしまう。一九二九年三月末になると、田中は、事件の処理を白川義則《しらかわよしのり》陸相に一任し、陸軍行政の問題として扱うことを決める。

田中首相の心変わりを知った昭和天皇と牧野内大臣ら天皇側近は、田中の言動を非難するとともに、天皇から田中を問責したいとの言葉まで発せられた。牧野は、この間、急死した珍田捨巳《ちんだすてみ》に代わって侍従長に就任した鈴木貫太郎《すずきかんたろう》や河井侍従次長らと協議し、西園寺にも相談をもちかけた。この場で、西園寺は、天皇による田中への問責に対して肯定的な言葉を牧野にあたえたため、牧野は、西園寺からの全面的な支持を得たものと勘違いしてしまう（『牧野日記』）。

田中首相が事件処理の最終報告を上奏しに来ることを知った牧野内大臣は、「事件の処置振りは暫く別問題として、前後の内奏相容《あいい》れざる事ありては聖明《せいめい》を蔽《おお》ふ事となり、最高輔弼《ほひつ》者として特に其《その》責任を免がれず」（同前）として、側近間で問責の実施に向けた最終協議にはいった。

田中首相の上奏日が一九二九年六月二七日と決定したことをうけ、牧野は一木宮相、鈴木侍従長らほかの側近と最終協議をおこない、西園寺からの最終的な了承を求めるため、そのもとを訪ねた。ところが、西園寺は、天皇による首相問責ということは明治天皇の時代から先例がなく、首相の進退に直接関係すると述べ、反対の姿勢を示した。前回の会見時に天皇から問責について賛意を得たと思っていた牧野は、「三十余年の交際なるが今日の如き不調を演じたるは未曾有《みぞう》の事なり」（同前）と、西園寺の反対論にとまどうとともに、法律に詳しい一木宮相の言葉もかりながら、再度の説得を試みた。

最終的に、西園寺は、政府の責任で処置することができるならばという条件つきで賛成した。西園寺は、最後まで天皇による輔弼責任者への問責を避けようとしていたのである。西園寺から天皇問責の了解を得たと思った牧野内大臣は、田中首相の上奏日の前日、六月二六日に一木宮相、鈴木侍従長、河井侍従次長、岡部内大臣秘書官長らと「重要事項を協議」し、「大体一致の意見を得」て（『河井日記』三）、最終的な確認作業をすませた。

天皇の田中叱責とその影響

翌六月二七日、天皇や天皇側近の意図を知らない田中首相が張作霖事件の最終報告のため参内《さんだい》、拝謁し、方針転換させたとおりの内容で上奏した。天皇は、牧野内大臣らとの手はずどおり、田中に前回の上奏内容と矛盾していると叱責し、田中からの再説明を拒否して拝謁を打ち切ってしまった（『牧野日記』、『河井日記』三）。

天皇から叱責をうけた田中首相は、翌六月二八日に参内し、鈴木侍従長に天皇への事情説明のための拝謁を願いでたものの、鈴木は天皇にその意思はないとこれを拒否する（小川平吉文書研究会編『小川平吉関係文書』Ⅰ）。そこで、天皇からの信任を失ったと悟った田中は内閣総辞職を決意し、七月二日に田中内閣は総辞職にいたる。

牧野グループによる輔導《ほどう》の結果、積極的な政治介入の姿勢をみせる昭和天皇は、田中首相を叱責して内閣総辞職にいたらしめるという事態を引き起こしてしまった。

田中首相叱責事件により、天皇の政治意思の表明や親裁《しんさい》が抑制されていた大正時代とは異なり、あらためて、天皇の意思が政局に重大な影響をあたえることを各政治勢力に認識させる契機となった。そのため、天皇の意思と異なる政治思想や政策を抱く政治勢力からは、天皇の君徳輔導にあたる側近、とくに、牧野グループへの批判が噴出するようになる。

ロンドン海軍軍縮条約問題

一九二九年（昭和四）七月二日の田中義一《たなかぎいち》内閣総辞職後、西園寺は牧野内大臣と協議のうえ、「憲政の常道」により、民政党総裁の浜口雄幸《はまぐちおさち》を後継首相として天皇に奏請し、同日、浜口内閣が成立した。天皇や牧野ら側近は、議会中心主義や協調外交をかかげる浜口内閣に対して、前任の田中内閣との比較からも概して好意的であった。

浜口内閣期における重大な外交問題として、ロンドン海軍軍縮条約をめぐる問題があげられる。第一次大戦後における国際的な軍縮の流れは、一九二二年（大正一一）に主力艦の保有量制限を定めたワシントン海軍軍縮条約の成立後、巡洋艦や駆逐艦、潜水艦など、排水量の小さな補助艦の保有量をも制限しようという動きにまで広がっていた。浜口内閣は、協調外交と緊縮財政の両面に寄与できる軍縮に乗り気であり、一九三〇年一月に開会したロンドンでの軍縮会議に、民政党顧問の若槻礼次郎《わかつきれいじろう》を首席全権として派遣する意気込みをみせた。

ロンドンでの軍縮会議は、仏伊が途中で脱退したものの、日英米との間で妥協案がまとまり、若槻ら全権団から政府に妥協案の可否を請訓してきた。妥協案の内容は、会議以前に海軍内部で取りまとめ、閣議で申し合わされた「三大原則」（①補助艦総量で対米七割、②大型巡洋艦の対米七割、③潜水艦の現有量保持）にはいたらなかった。

妥協案は、三大原則の数値に達していないとはいえ、浜口首相以下、政府にとっては満足すべき内容であった。しかしながら、国防をあずかる海軍軍令部は、妥協案に反対であり、加藤寛治《かとうひろはる》軍令部長、末次信正《すえつぐのぶまさ》軍令部次長を中心に、条約反対を主張していた。また、日露戦争以後、海軍内で絶大な権威を保持していた東郷平八郎《とうごうへいはちろう》元帥や皇族出身で軍事参議官の伏見宮博恭王《ふしみのみやひろやすおう》らも反対論を唱えており、反対派を押さえ込むことに困難が予想された。

この状況において、天皇や牧野グループは、条約成立をめざす浜口内閣の姿勢を支持していた。浜口内閣はロンドンでの妥協案を受け入れるよう全権団への回訓案を閣議決定し、一九三〇年（昭和五）四月一日に天皇に上奏を願いでた。

鈴木侍従長による帷幄上奏阻止

条約反対派の軍令部では、浜口内閣による妥協案受諾の上奏を阻止するため、加藤軍令部長による帷幄上奏《いあくじょうそう》（軍事面について軍部が直接に天皇へ報告できる行為）を企図した。内閣の上奏予定日の前日、三月三一日、加藤は、統帥部長として天皇への帷幄上奏を願いでた。本来ならば、統帥事項の上奏は、侍従武官長が取り扱うことになっていたが、鈴木は侍従長という無関係に地位にありながら、前軍令部長としての立場や海軍の先輩であることを理由に加藤の帷幄上奏に介入し、その日の上奏を翌日に延期させた。さらに、鈴木は、翌四月一日の加藤の上奏も却下し、二日に再延期させた（波多野澄雄ほか編『侍従武官長奈良武次日記・回顧録』三）。

そのため、四月一日に浜口首相がロンドン条約を受諾すべしとの回訓案を天皇に上奏し、裁可をえた。加藤は、翌二日に拝謁し、妥協案では国防に不安が生じる旨を上奏したが、政府案に反対するわけでもなかった。結局、政府からの回訓をえた現地において、四月二二日、日英米の三ヵ国によりロンドン海軍軍縮条約が締結された。

図8　東郷平八郎（中央）を訪ねる加藤寛治（左）と岡田啓介（右,『東京朝日新聞』1930年4月2日夕刊）

ここで、鈴木侍従長による加藤軍令部長の帷幄上奏阻止が大きな問題となってきた。本来、統帥機関の上奏を取りつぐべき奈良《なら》武次《たけじ》侍従武官長は、鈴木の行動について、「侍従長の此《この》処置は大《おおい》に不穏当なり」（同前）と批判していた。

ロンドン条約は調印されたものの、海軍内部では軍令部を中心に条約反対の気運が高まっている状況であり、条約の批准に向けて波乱を予感させる状況であった。実際、条約の成立をめざす財部《たからべ》彪《たけし》海相ら海軍省を中心とする条約派は、海軍内部の反対論を説得するのに苦労することになる。

財部海相ら条約派におされる形で、加藤軍令部長と末次軍令部次長が辞任することになったものの、問題は、条約反対派が海軍内で絶大な影響力を保持する東郷平八郎を担いで抵抗する構えをみせていたことであった。財部らは、東郷を説得しようと試みたものの、東郷自身もロンドン条約の内容に反対だったため、説得に応じることはなかった。

財部海相らは、反対派の巨頭ともいえる東郷元帥を封じ込めるため、山本権兵衛《やまもとごんべえ》（財部の義父）の発案による「天皇の特旨」（口頭や文面によって注意の旨を伝えること）を利用しようと工作する。まず、財部は、牧野内大臣を訪問して了解を求めたものの、牧野は海軍大臣の努力が足りないと、賛成しなかった（「財部彪日記」国立国会図書館憲政資料室所蔵）。そこで、財部は、浜口首相と協議し、最終手段としての「天皇の特旨」実施の意見一致をみた。さらに、この案は七月九日に江木《えぎ》翼《たすく》鉄相（鉄道大臣）から鈴木侍従長へ伝えられ、鈴木は天皇に伝えた。

結局、天皇は七月一五日に東郷を呼び、「元帥は凡《すべ》てに付《つき》達観するを要す」（「岡田啓介日記」小林龍夫／島田俊彦編集・解説『現代史資料七　満州事変』所収）という、戒告の意をふくんだ「特旨」を伝え、東郷は反対論を軟化させていく。条約反対派は東郷の軟化により勢いを失い、海軍の総意としてロンドン条約を承認することに決した。

一九三〇年（昭和五）七月二四日、浜口首相は葉山で避暑中の天皇をたずね、ロンドン条約の批准《ひじゅん》のため枢密院に諮詢《しじゅん》するよう要請した。ここから、条約をめぐる問題は、政府と枢密院《すうみついん》との対立の場へと移ることになった。

枢密院審議への対応

ロンドン条約の審議にあたる審査委員には、倉富勇三郎《くらとみゆうざぶろう》議長や平沼騏一郎《ひらぬまきいちろう》副議長、伊《い》東巳代治《とうみよじ》顧問官ら、保守的なメンバーが顔をそろえた。そのため、浜口内閣と枢密院は、条約に関する文書の提出をめぐって対立を深めていった。

浜口首相や主要閣僚は、条約成立に否定的な枢密院側の要求を毅然とした態度で退け、条約反対の主導者である倉富議長や平沼副議長、伊東審査委員長の罷免《ひめん》まで考慮していく（『岡部長景日記』）。この枢密院要人の罷免策は江木鉄相や原田熊雄《はらだくまお》を通じて、西園寺や牧野ら天皇側近にも伝えられ、その支持を得ていた（原田熊雄述『西園寺公と政局』一、『牧野日記』）。

さらに、浜口内閣は枢密院の議長、副議長、審査委員長の罷免という方法だけでなく、天皇の「親裁」という非常手段も考慮していた。九月一四、一五日、鈴木侍従長と一木宮相をそれぞれ訪問した江木鉄相は、「御親裁を仰《あお》ぎ奉《たてまつ》」る方法に言及しながら、「聊《いささ》かにても責任を至尊《しそん》〔天皇〕に奉《かえしたてまつ》帰る嫌ひは極力避け」（『牧野日記』）たいと語った。江木は、天皇に責任を負わせることになるので「極力避けたい」と語っているが、事態の進展によってては、「御親裁」もあり得るという覚悟を事前に側近へ伝えたのであった。

浜口内閣の強硬な姿勢と、天皇、元老、天皇側近が条約成立を支持している報に接した枢密院では、伊東審査委員長が軟化し、結局、一〇月一日の本会議で満場一致をもってロンドン条約の批准が可決された。

図9　ロンドン条約批准時の浜口雄幸（左）と倉富勇三郎（右上，右下は石井菊次郎枢密顧問官．『東京朝日新聞』1930年10月2日夕刊）

側近攻撃の激化

ロンドン条約成立までの過程において、天皇側近でめだった活動を展開したのは、鈴木侍従長であった。鈴木は、海軍軍人という出自から、ほかの側近より軍縮問題に関心をもっていたことは事実である。しかし、そういう事情があったにせよ、侍従長は「宮中・府中の別」を要求される宮中の重職であった。

本来ならば、加藤軍令部長の帷幄上奏の延期や東郷への「天皇の特旨」について、自分の判断で処理してはいけなかったのである。

鈴木侍従長が、このような独断行為をとってしまった理由として、就任直後から牧野グループによる積極的な政治関与という輔弼姿勢にふれてきたことが大きく影響していたといえよう。田中首相叱責問題につづく帷幄上奏阻止問題により、軍部や右翼から牧野内大臣、鈴木侍従長ら天皇側近を批判する声が高まっていく。側近を批判する人々にとって、牧野や鈴木は、天皇の政治意思を独占し、自分たちに都合のよい聖意を形成させていると認識されていた。一九三〇年代を通じて激化する側近攻撃は、いよいよ本格化のきざしをみせていくのであった。

しかし、外部から側近批判が激化してきても、西園寺の牧野グループ擁護の姿勢に変化はなかった。ロンドン条約成立の過程でも、西園寺は、浜口内閣を支持する姿勢につき秘書の原田熊雄から牧野内大臣、一木宮相、鈴木侍従長の上層部に伝えさせ、また、側近批判が高まる状況をうけ、この三者間のより一層の協力を切望する旨を伝達させていた（『西園寺公と政局』一、『牧野日記』）。

満州事変と側近たちの動揺

満州事変と天皇・天皇側近の動揺

柳条湖事件

一九三一年（昭和六）九月一八日、関東軍は謀略によって奉天《ほうてん》近郊の柳条湖《りゅうじょうこ》で満鉄線を爆破し（柳条湖事件）、満州事変《まんしゅうじへん》を引き起こした。満州事変は日本の外交路線を変更させる契機となっただけでなく、国内政治体制の変動もうながす大きな出来事となった。

柳条湖事件発生の一報をうけた若槻内閣（民政党）は、九月一九日に閣議をひらき、不拡大方針を決定した。若槻首相は、閣議では不拡大方針を申し合わせ、事態の収拾に取り組むような姿勢をみせながらも、「統帥権の独立」の壁にはばまれて陸軍を抑えることができないため、西園寺をはじめ天皇側近に救いを求めてきた（『西園寺公と政局』二）。

若槻首相の苦衷《くちゅう》を原田熊雄《はらだくまお》から聞いた天皇側近は、一木宮相や鈴木侍従長、木戸秘書

表2　1920年代〜敗戦時までの主要な天皇側近一覧

役職	1920年代〜	牧野内大臣期〜		1930年代〜		2·26事件後	1940年代〜	敗戦時
内大臣	平田東助 (1922.9.18)	牧野伸顕 (1925.3.30) →			斎藤実 (1935.12.26)	湯浅倉平 (1936.3.6)	木戸幸一 (1940.6.1) →	
内大臣秘書官長	入江貫一 (1923.4.7)	大塚常三郎 (1925.6.15)	河井弥八 (1926.7.23)	岡部長景 (1929.2.14)	木戸幸一 (1930.10.28)	松平康昌 (1936.6.13) →		
宮内大臣	牧野伸顕 (1921.2.19)	一木喜徳郎 (1925.3.30) →		湯浅倉平 (1933.2.15) →		松平恒雄 (1936.3.6) →		石渡荘太郎 (1945.6.4)
宮内次官	関屋貞三郎 (1921.3.9) →			大谷正男 (1933.2.25) →		白根松介 (1936.5.6) →		大金益次郎 (1945.6.6)
侍従長	徳川達孝 (1922.3.22)	珍田捨巳 (1927.3.3)	鈴木貫太郎 (1929.1.22) →			百武三郎 (1936.11.20) →		藤田尚徳 (1944.8.29)
侍従次長	小早川四郎 (1922.3.22)	河井弥八 (1927.3.3) →		広幡忠隆 (1932.9.17) →		甘露寺受長(2名体制．広幡は皇后宮大夫と兼任) (1939.5.26)		

『日本史辞典』（岩波書店），『日本近現代史辞典』（東洋経済新報社），『戦前期日本官僚制の制度・組織・人事』（東京大学出版会），『入江相政日記』（朝日文庫），『東京朝日新聞』記事をもとに作成．

（注1）　カッコ内の年月日表記は，就任した日をさす．なお，内大臣秘書官長の河井の前後は，空席だった時期もある．

（注2）　後任者任命の手続き上，一時的に役職に就いた経歴は省略してある．

官長らが集って対応を協議した。木戸は、若槻の姿勢を「他力本願なるは面白からず」（木戸幸一『木戸幸一日記』上）と批判し、結局、頻繁に閣議を開くなど、政府の力で解決していくよう伝えることにした。原田からこの意見を伝達された若槻は、側近からの助言どおり、閣議を開いて軍部を抑えようと試みていく。

　閣議で軍部の抑制をはかろうという政府の対策は、さっそく、難題につきあたる。九月二一日、関東軍を支援するため朝鮮軍の一兵団が、林銑十郎《はやしせんじゅうろう》司令官の判断のもとに国境を越え、「満州」へ侵入を開始した。大元帥天皇の命令を待たずしての外国への越境は、重大な軍紀違反行為であり、のちに、林は「越境将軍」と称されることになる。

朝鮮軍独断越境問題

同日、西園寺は原田から朝鮮軍の独断越境の件も合わせ、柳条湖事件以降の経過を聴取すると、独断越境について、陸軍からこれを許可してもらいたいという上奏があっても、天皇は絶対にこれを許してはならず、牧野内大臣と鈴木侍従長にもそう伝えるよう依頼した（『西園寺公と政局』二）。原田は、東京の木戸に連絡し、西園寺の言葉を牧野らに伝えさせた。

この朝鮮軍独断越境問題は、若槻内閣にとって大きな難題であると同時に、満州事変を早期に解決する好機でもあった。さらに、中国での軍事行動を補うための経費支出の権利も政府が握っており、政府は、この二つのカードを利用して、陸軍出先の行動を抑えることが可能であった。ところが、若槻首相は、陸軍側からの説得工作により、朝鮮軍の独断越境の件をあっさりと認め、九月二二日の閣議において、独断越境の追認と陸軍の軍事行動を保証するための経費支出も承認してしまう。

また、天皇も、同二二日の夕方、朝鮮軍独断越境の追認をもとめて上奏にきた金谷範三《かなやはんぞう》参謀総長に対し、「此度《このたび》は致方《いたしかた》なきも将来充分注意せよ」（『奈良日記』三）という、警告の言葉を発したのみで、西園寺が意図していたような越境不許可という厳命をくだすことはなかった。

ここまでの経過をうけ、木戸秘書官長と原田熊雄、近衛文麿《このえふみまろ》が今後の対応を協議し、天皇が政府の不拡大方針を支持しているような態度をとると、天皇側近への軍の批判が高まるので、今後このような姿勢をみせないこと、牧野内大臣や鈴木侍従長が求めている西園寺の上京について、軍部を刺激することになるのでやめるべきということを申し合わせ、木戸から牧野、鈴木へ伝えられた。

さきの若槻首相への対応とあわせ、天皇側近の間で、政治問題が発生した場合の対処に変化が生じてきた。張作霖《ちょうさくりん》爆殺事件やロンドン条約時の対応では、牧野内大臣や鈴木侍従長らが、協調外交の維持を望む天皇の意思にそって、軍部と対立してでも政治に介入し、天皇や自分たちの意思を貫徹させようと行動してきた。ところが、今回は、木戸秘書官長や原田の働きにより、軍部を刺激しないことを最優先に、天皇や側近の政治行動を抑制するような対応をみせている。

錦州爆撃

天皇による朝鮮軍独断越境の追認と、若槻内閣による経費支出の承認により、謀略で開始された満州事変は、正当な軍事行動と認識されるにいたった。「満州」全土の支配をもくろむ関東軍は、一九三一年（昭和六）一〇月八日に満鉄の付属地から遠く離れた錦州《きんしゅう》を爆撃する。この行動は、幣原喜重郎《しではらきじゅうろう》外相を中心に、中国での軍事行動を自衛行為だと言い訳することで、なんとか国際連盟での審議を乗りきろうと奔走してきた政府の努力を無駄にし、日本の国際的信用を失墜させる出来事であった。

若槻首相は、錦州爆撃の報告をうけると、「実に陸軍は困つたことをする。これでは到底自分もやりきれない」(『西園寺公と政局』二)と、原田にもらした。柳条湖事件以降、天皇側近からの励ましもあり、なんとか、政府の力で陸軍の行動を抑えようと努力してきた若槻であったが、やはり、限界を感じつつあった。

軍部への対処に困った若槻首相は、枢密院《すうみついん》や山本権兵衛《やまもとごんべえ》、清浦奎吾《きようらけいご》ら重臣の力にすがろうとする。九月三〇日、政府による枢密院への満州事変の報告会において、若槻は顧問官から満州問題に関する枢密院への報告を義務化するよう求められた。若槻は難色を示しつつも、「内閣、枢密院が共に国家重要の機関なることは今更云《い》ふまでもなきことなり、故《ゆえ》に事に妨げなき限り枢密院に対し交渉することは異見なし」(「倉富勇三郎日記」)と、最終的に賛意を表したのである。

また、若槻首相は、一〇月一二日に重臣の山本権兵衛と清浦奎吾を、一三日に政友会幹部の犬養毅《いぬかいつよし》、高橋是清《たかはしこれきよ》、山本達雄《やまもとたつお》を訪問し、時局の状況を報告した。山本権兵衛は、若槻に提言した時局収拾策のなかで、西園寺の指揮による外交方針の確立を望むとしながら、「万一西園寺自身に力足らざれば重臣会議なり其《そ》の順序を執《と》るべきものにて自分等も場合により意見を陳《の》ぶる覚悟なり」(「樺山資英日記」国立国会図書館憲政資料室所蔵)と、重臣会議開催とみずからの参加を提案していた。

枢密顧問官や山本権兵衛による政治体制再編論は、陸軍統制に苦慮していた若槻首相の心を動かし、政界再編にまで発展する可能性を秘めていた。しかしながら、若槻の思惑は、閣内での消極論や西園寺の反対にあい、実現にまでいたることはなかった。

天皇の憂慮と西園寺

協調外交維持の観点から錦州爆撃を憂慮するのは、天皇も同じであった。陸軍内部や政府によって出先軍を統制できない状況をみた天皇は、みずからが政局に介入する意欲をしめし、主要閣僚（首相、陸相、外相）を御前に招いて、意見を聞きたいとの希望を牧野内大臣に伝えた（『西園寺公と政局』二）。

しかし、これでは、天皇が輔弼《ほひつ》責任を負う国務大臣に対して自分の意思を伝え、その実現を迫ることもありえた。そのため、牧野内大臣は、このような形式での天皇の直接的指導をよしとせず、西園寺の上京を求めてこれを抑制させる。牧野から依頼をうけた西園寺は一一月二日に上京、拝謁し、大臣への直接指導について、「陛下が御下問という形でなく、ごく非公式に、むしろ座談的に外務大臣をお召しになつて、いろいろお訊《たず》ねになるのが然《しか》るべき」（同前）と、天皇に返答した。

西園寺は明治憲法下における立憲君主制にもとづき、天皇による閣僚への具体的な指導が、天皇と大臣の政治責任を追及されかねない問題であるとして、これを否定した。西園寺は、大臣による日常的な拝謁と天皇からの下問という形式にとどめることで、天皇親政につながるおそれのある直接的指導を中止させたのであった。

また、西園寺は若槻首相の重臣訪問についても反対であった。西園寺にとって懸念される事態とは、権威のない重臣たちが集まって「御前会議をし、或いは重臣会議をして」効果を得られなかった場合、「たゞ独《ひと》り陛下の御徳を疵《きず》つける」（同前）ことにあった。西園寺は、天皇の政治責任を問われかねない御前会議や重臣会議をもっとも慎むべきだと認識しており、天皇への政治責任波及と立憲君主制を脅かすような意見に強く反対していく。

天皇による大臣への直接指導には反対した牧野内大臣であったが、牧野グループ周辺では、若槻内閣の軍部への対応から政党内閣制の限界を感じ、軍部を統制できる政治体制の再編を考慮していく。

牧野グループの軍部統制案

一九三一年（昭和六）一〇月、関屋宮内次官は、当時の重臣らを集め、「啓沃《けいよく》に資する為、特殊の職制を設《もう》くべしとの私案」（『河井日記』五）を河井侍従次長に提示し、その河井と牧野は、「大詔渙発《たいしょうかんぱつ》の件」（詔勅を世間に公布すること）について協議している。関屋の意見は、重臣を主体とする天皇の諮問《しもん》機関の設置論（準元老化案）であり、河井と牧野の「大詔渙発」は、天皇の言葉（詔書）による時局の鎮静化を意図したものであった（高橋二〇〇六）。

また、牧野内大臣は、若槻内閣末期に軍部への対抗から提唱された政友会・民政党の協力内閣運動にも好意的であった。牧野は、若槻内閣総辞職後の後継首相選定にあたり、西園寺に「内閣の基礎強固なる事政情に顧《かんが》み最も好ましく、所謂《いわゆる》協力の精神に基き組閣する様」（『牧野日記』）伝えている。

軍部を統制するため、なんらかの非常措置をとらねばならないという考えは、牧野グループに限らず、天皇側近に共通した認識であった。原田熊雄も木戸秘書官長に対し、御前会議開催を提案していた。しかし、木戸は、独自の国家方針をもつ軍部に対し、充分な準備をしないまま、「軽々《けいけい》に御前会議を開き軍部の方針に引づらる〔ママ〕るときは由々敷《ゆゆしき》結果となる故、慎重に研究を要すべく、今日の状態にては寧《むし》ろ賛成し能《あた》はず」（『木戸日記』上）と、原田の意見に反対した。

木戸は、当初から若槻首相の他力本願的な輔弼姿勢を「遺憾千万なり」（同前）と酷評しており、御前会議《ごぜんかいぎ》を開催しても軍部に「引きずられる」だけだとみていたのである。

関屋の軍部理解

天皇側近は、満州事変や一〇月事件（軍部急進派によるクーデター未遂事件）に大きな衝撃を受け、軍部の脅威を少なからず感じており、なかでも反応がきわだっていたのが、関屋宮内次官であった。関屋は、満州事変前後から軍部関係者と接触を重ねるうち、軍部の主張に理解をしめすようになる。なお、満州事変以降、陸軍側でも天皇側近への宣伝工作を重視し、満州事変に対する側近の認識を転換させるため、「極力諒解《りようかい》を得るの途を講じ」（「参謀本部第二課機密作戦日誌」稲葉正夫ほか編『太平洋戦争への道』別巻、所収）ることを画策していた。

一九三一年（昭和六）一〇月四日、関屋は、荒木貞夫《あらきさだお》教育総監部本部長を訪ね、満州事変についてなど時局談を交わした際、荒木から青年将校の血書数通をみせられた（「関屋貞三郎日記」国立国会図書館憲政資料室所蔵）。また、同一六日には、岡本連一郎《おかもとれんいちろう》近衛師団長が関屋次官以下の宮内省幹部たちを招待し、満州事変の活動写真上映や小磯国昭《こいそくにあき》陸軍軍務局長による講演がおこなわれた。この夜から翌一七日未明にかけ、一〇月事件で陸軍将校が検挙され、関屋や河井にもすぐに情報がもたらされており（『河井日記』五）、軍部側の脅威を身近に感じるようになっていた。

こうして、関屋は、一〇月一二日には奈良侍従武官長を訪ね、「暗に宮内省の陸海軍に対する態度の申訳然たることを語り」（『奈良日記』三）、さらに、同じ頃、今村均《いまむらひとし》参謀本部作戦課長にも、「反省を要し是正すべき点などは率直に苦言」（今村均『続一軍人六十年の哀歓』）するよう伝えている。卑屈なまでの関屋の反応は、側近のなかでも特異であり、政界でも批判されていた。ただ、このような関屋の行動を理解する場合、軍部の説得工作により懐柔されたという単純な見方ではなく、高まる側近批判を緩和しようという意図も考慮すべきであろう。

満州事変と側近の変化

天皇や牧野内大臣ら側近は、政府にも服さない軍部の勝手な行動に危機感を抱くとともに、「統帥権の独立」という制度に阻まれて軍部を統制できない政党内閣制の統治能力に疑問を感じはじめた。天皇や牧野グループが、大臣への直接指導や「特殊の職制」設置を提言するなど、政党内閣制に代わる政治体制を模索していたのはそのためであった。

しかし、元老の西園寺は、天皇に政治責任をおよぼすような政治体制の再編に反対であり、また、木戸孝允の家督を継ぎ、侯爵の爵位をもって新しく宮中入りした木戸秘書官長も政治体制の再編には反対であった。とくに、木戸の存在は、昭和初期以来、結束してきた牧野グループのなかにあり、牧野内大臣らと政治思想や側近としての輔弼姿勢が異なっていたため、側近間における意思の共有が困難となっていくのであった。

犬養内閣と牧野グループの天皇親政運動

第二次若槻内閣が、政民協力内閣運動をめぐる閣内不一致がもとで総辞職すると、西園寺は、牧野内大臣や一木宮相ら側近の協力内閣論をしりぞけ、これまでの「憲政の常道」にしたがい、政友会総裁の犬養《いぬかい》毅《つよし》を後継首相に奏請《そうせい》した。犬養内閣は、一九三一年（昭和六）一二月一三日に成立する。内閣が交代しても、満州事変《まんしゅうじへん》以降の軍部の「満州」領有計画が中止されたわけではなく、犬養内閣も若槻内閣と同様、軍部をどう抑えるかが課題であった。

第一次上海事変

一九三二年一月、関東軍は欧米列強の目を満州事変からそらすため、上海《シャンハイ》で謀略事件を引き起こし、日中両軍による衝突がおこった。第一次上海事変である。列強の権益が集中する上海での戦闘は、当然ながら英米をはじめ、列強を刺激した。列強との協調関係を重視する政治方針は、政府だけでなく天皇や側近も同じであり、早急な対策が求められた。
軍部の行動を抑えるのに苦心する犬養首相や高橋《たかはし》是清《これきよ》蔵相は、若槻前首相と同様、天皇や側近に救いを求めていく。高橋が牧野内大臣に語ったところによると、「犬養も軍部を押ゆる事到底自分の力に及ばず、上《かみ》御《ご》一人《いちにん》〔天皇〕の御威光に待つ外なし」(『牧野日記』)との意見を抱いていたという。高橋自身も財政上の理由から陸軍の上海派遣に反対し、閣議による統制が困難だと判断すると、天皇から統帥関係者へ注意をあたえるよう原田熊雄に要請している(『西園寺公と政局』二)。

犬養首相や高橋蔵相の軍部統制策について、西園寺は、閣僚が責任を持ち、天皇に責任のおよばない立憲君主制の原則が保障されることを前提に、これを認めていた。すなわち、天皇による統帥関係者への注意についても、首相をはじめとする国務大臣が政治責任を負う形式で、みずからが犬養に献策していた(同前)。西園寺は、原《はら》敬《たかし》内閣や浜口《はまぐち》雄《お》幸《さち》内閣のような、強力な指導力をもつ党首によって率いられた政党内閣制を期待していたのである。

西園寺の同意を得た犬養首相は、天皇の権威をかりて軍部統制に乗りだす。一九三二年二月七日には首相官邸に真《ま》崎《さき》甚三郎《じんざぶろう》参謀次長を呼び、上海事変に対する天皇の憂慮と国家財政の悪化を伝えて事件の不拡大を説き、同月末には、天皇の命令による日中両軍の撤兵まで企画していた（伊藤隆ほか編『真崎甚三郎日記』一、『西園寺公と政局』二）。

ところが、犬養首相や高橋蔵相、芳沢謙吉《よしざわけんきち》外相ら主要閣僚が天皇の権威によって軍部を抑えこもうとしたため、軍部から激しい反発をかってしまう。陸軍では、真崎参謀次長や荒木陸相が不快感を示した（同前）。陸軍内部での不満を聞いた西園寺は、前述した「天皇から統帥関係者への注意」について、原田熊雄《はらだくまお》の助言もあり、これを中止させた。

天皇の御前会議論

犬養内閣は、天皇の権威をかりて軍部統制をはかろうとしていたが、天皇自身も上海事変を憂慮していた。陸軍の上海派兵が決定された後の一九三二年（昭和七）二月五日、天皇は、牧野内大臣を召して「時局に対する御軫念《ごしんねん》〔心配の念〕」を伝え、「御前会議開催のこと」（『牧野日記』）を下問した。

また、牧野グループも天皇と同じく時局を心配し、側近が積極的に政治介入して、時局の鎮静化をうながしていくべきだと考えていた。鈴木侍従長は、参内した牧野に時局の困難な状況を語り、「之《これ》が解決は元老、大官が身命《しんみよう》を賭して任ず」（『河井日記』六）べきだと切言する。また、河井侍従次長も、五・一五事件後における斎藤実《さいとうまこと》内閣の政権強化のため、「元老、内大臣の積極的斡旋《あつせん》を要す」（同前）と鈴木に語っている。鈴木や河井は、西園寺や牧野の主導により、昭和初期以来の積極的な政治関与を期待していた。

そのため、天皇の御前会議論《ごぜんかいぎ》は、犬養首相による、上海の戦況がこれ以上悪化しないという見通しの奏上をうけ、「御前会議御召集を暫く御中止あらせらる」（同前）ことになったものの、牧野グループは、天皇の意思にそいながら、御前会議開催にむけての検討をはじめる。

牧野グループと木戸

一九三二年（昭和七）二月一六日、一木宮相、鈴木侍従長、河井侍従次長が牧野内大臣を訪ね、「御前会議開催に付、適切なる方法を研究」（同前）し、牧野と西園寺が最終的な打ち合わせをおこなうことを決めた。牧野グループで御前会議の形式や人選をまとめ、最終的な判断を西園寺に仰ぐという手順である。さらに、翌一七日にも同メンバーで再び協議したが、この日は、御前会議の形式について、牧野とそのほかの側近の間で重臣を参加させるべきか否かをめぐり、「意見の相違点」が生じた（同前）。

河井侍従次長らは、内閣の体制強化を念頭に、閣議に天皇を出席させる形式を主張したのに対し、牧野内大臣は、信頼する山本権兵衛《やまもとごんべえ》や清浦奎吾《きようらけいご》らの重臣を参加させる御前会議を望んでいた。つまり、牧野は、内閣の体制を強化するのではなく、政治運営の実権を重臣に委ねようとしていたのであった。

天皇や牧野グループが、御前会議の開催もふくめた時局対策を考えていたのに対し、西園寺や木戸秘書官長は、御前会議開催に反対の立場をとっていた。木戸は、牧野から御前会議招集の是非について問われた際、「内閣にして真に責任を以て時代を画するが如《ごと》き方策を立て、而《しか》して之を以て国論の帰一を図る為《ため》に元老重臣の会合を求め」るならばよいが、「別段の名案を有せずして徒《いたずら》に老人達を会合せしめ御祭り騒ぎを演ずるが如《ごと》きは、却《かえ》つて人心を悪化せしむるものと信ず」（『木戸日記』上）と、消極的に返答した。

木戸にとって重要なことは、国策を決定するための機関を設置することでなく、各政治勢力を納得させる国策の確立にあった。また、木戸は、重臣が元老のように政治システムとして制度化されることを懸念していた（『木戸幸一政治談話速記録』上、国立国会図書館憲政資料室所蔵）。

牧野の対策案と西園寺の反対

天皇側近の間で御前会議の是非をめぐる協議が重ねられているなか、上海戦は激しさをまし、列強の対日感情も悪化していた。当然、天皇や側近にもこの情報がもたらされる。一九三二年（昭和七）二月二一日、牧野内大臣は木戸秘書官長に、上海への陸軍増派が日中の全面戦争に拡大しないかと懸念し、「其際《そのさい》には或《あるい》は元老重臣会議の開催、枢密院《すうみついん》へ御下問、重臣会合の上、進言を為《な》す等の手段を講ずるの要あるやも知れず」（『木戸日記』上）と語った。

牧野内大臣は、上海問題を協議するため、三つの対処案を提示した。一つめは、従来からの主張である元老重臣会議、二つめは枢密院への下問、三つめに重臣会議決定事項の上奏という方法である。御前会議を主張していた牧野が、後者の二案を加えた真意について、おそらく、側近間での協議で自身の思い描く重臣中心の御前会議の評価が低いことを悟った牧野が、代案として考慮したのであろう。いずれにせよ、三つの対処案に共通するのは、非常時における政治機関の主体として、政党内閣ではなく、元老や重臣、枢密院といった政治勢力を想定していることである。

牧野内大臣は翌二月二二日、西園寺を訪問し上海事変を中心に話しあった。会見中、牧野は、木戸に語った対策案を西園寺に伝えた。西園寺の返答は、「（1）上海増兵は已《や》むを得ず。（2）国家危急の対策を決する場合、枢府に御諮詢《ごしじゅん》あるを可とす」（『河井日記』六）であった。西園寺は、牧野の提示した三つの対策のうち、枢密院への下問を選択した。憲法で輔弼責任が明記されている枢密院への諮問《しもん》ならば、天皇に政治責任はおよばない。天皇の政治責任を回避しようという西園寺の立憲君主論がうかがえる。

また、西園寺が牧野の「元老重臣会議」を否定したであろう根拠として、しばらく後に訪ねてきた木戸秘書官長に対して、西園寺が「重臣会議を必要とする論もあるも、今日は其時《その》にあらず。政府にて開催を希望するなれば兎《と》も角《かく》、手続きより考ふるも困難なり」（『木戸日記』上）と語っていることからも明らかである。

西園寺が御前会議や重臣会議に反対する理由は、「陛下の御徳を疵《きず》つけるのみ」で、「立憲政治の精神に反する」ものという点にあり、これは「宮中を云々《うんぬん》するといふことは、最も慎むべく、最も戒むべきことで」「宮中のことのためには、何物をも犠牲に供さなければならない」(『西園寺公と政局』二)という、立憲君主制の維持を最優先に考える国家観から導きだされていた。

御前会議や重臣会議による事態の収拾を意図していた天皇や牧野グループにとって、西園寺の反対は、大きな障壁となった。両者間における意見対立の背景には、立憲君主制をめぐる認識のズレと時局認識をめぐるズレが生じていた(村井二〇〇五)。欧米列強との協調外交を維持したい天皇、牧野グループは、上海増兵を重大な危機ととらえ、事態収拾を重視していたのに対し、西園寺は、軍部の行動を「要するに過渡期の一時の現象」と認識し、その対応も「もう少し落ち付いた態度で」(『西園寺公と政局』二)と、静観を主張していた。

御前会議開催の可能性を否定された天皇や牧野グループは、その後、西園寺の許可した枢密院への諮詢も実施することなく、天皇が統帥面から奈良侍従武官長や派遣軍司令官へ直接、意見を伝えることで対処していく。

「満州国」承認問題

第一次上海事変の発生から間もなく、「満州国」建国と日本による承認(国交樹立)という問題がおこる。満州事変以降の軍事行動の結果、一九三二年（昭和七）三月に日本軍の占領した中国東北部の東三省を領土として、「満州国」が建国された。上海事変に続く「満州国」問題の発生は、さらなる国際関係の悪化を招きかねなかった。

ところが、天皇や牧野グループの「満州国」に対する見方は、上海事変と大きく異なっていた。昭和天皇は、のちに「満州は田舎であるから」（寺崎英成／マリコ・テラサキ・ミラー編著『昭和天皇独白録』）と回想しており、牧野も、「折角《せっかく》満州問題の解決は予想外の好調に進み、英米等の理解ある態度により有終の美を挙《あ》げんとせる」（『木戸日記』上）と語っている。また、関屋宮内次官も陸軍関係者と会合を重ねるうち、一九三二年一〇月には、満州地域における中国側の「排日侮日の態度」が満州事変の原因だと理解し、「此等《これら》の事情の政府に十分認識せられざりしは遺憾に堪へず」（「関屋貞三郎日記」）と、当時の若槻内閣の中国認識を非難するにいたる。

天皇や牧野グループは、日本の「満州」での行動が国際連盟規約や九ヵ国条約、不戦条約など国際法から逸脱しないことを願いながらも、「満州国」の存在自体を認めていた。つまり、彼らは、満州事変について、欧米列強との関係悪化を懸念しながらも、列強を刺激しない範囲での勢力圏拡大は是認していたのである（山田一九九九）。

天皇と牧野グループは、建国後の「満州国」政策についても国際法の遵守《じゅんしゅ》を第一とし、政治運営について、なるべく現地人に委任し、日本人はあまり政治のことに介入しないなど、英米の許容できる統治政策を期待していた。さらに、「満州」に駐留する日本軍の撤兵、関東軍の「満州国」政権からの排除なども考慮されていた。「満州」政策における軍部の影響力排除という点では、関屋宮内次官が、軍部の独断を阻止するため、各政治勢力を結集した国策統一機関の設置を主張していた（「関屋貞三郎日記」）。

牧野グループの外交観は、列強との協調外交維持のため国際法を遵守するという考えであったため、英米などがリットン調査団の現地調査や国際連盟での審議の都合から、「満州国」承認の時期を考慮するよう日本側へ要求すると、牧野内大臣らは、承認を急ぐ斎藤実内閣の「満州」政策に不信感をいだいた。

牧野を協調外交主義者とみなし、交流を続けてきた列強や中国の駐日外交官らも牧野との会見を求め、満州問題に対する日本の外交方針の転換を要求する。一九三二年七月一三日にはグルー（Joseph Grew）駐日米大使が「満州国」承認の遅延を要請し、同一四日にはリットン卿が調査団に非協力的な態度をとる内田康哉《うちだこうさい》外相を非難している。さらに、九月三日には蔣作賓《しょうさくひん》駐日華公使が、満州問題への善処を依頼するのであった（『牧野日記』）。

列強の駐日外交官から政府への働きかけを要請された牧野は、「自分の位地《いち》〔地位〕として意見の交換は絶対不可能」（同前）だと、内大臣の職責を説明して表面上の政治活動を控えたが、いっぽうで、アメリカ要人と太いパイプをもつ貴族院議員の樺山愛輔《かばやまあいすけ》を通じ、斎藤首相へ「満州国」承認の時期について考慮すべきことを伝えさせている（同前）。

斎藤実内閣の成立

一九三二年（昭和七）五月一五日、犬養首相が首相官邸で海軍青年将校らの襲撃をうけ、殺害される五・一五事件がおこった。牧野内大臣も襲撃対象とされ、内大臣官邸の庭先に爆弾が投じられたものの、官邸内への侵入はなく、大事にはいたらずにすんだ。犬養の死後、予備役海軍軍人で前朝鮮総督の斎藤実が後継首相に奏請され、五月二六日に内閣成立となる。

斎藤内閣成立の意義は、周知のように、後継首相の推薦権をもつ元老の西園寺が「憲政の常道」を中断し、一九二四年六月の第一次加藤高明《かとうたかあき》内閣から続いてきた政党内閣制を終了させたことにある。また、西園寺が政党内閣制を終了させたといっても、永久的な意味からではなく、時局が落ち着けば、政党内閣制を復活させる考えであったことも明らかにされている。

ここでは、本書の趣旨にてらし、天皇側近に関係する言動を紹介したい。まず、斎藤実の奏請にあたり、木戸幸一や近衛文麿といった、次世代の側近を担うであろう若手の意見が、西園寺や牧野ら上層部の判断に大きな影響をあたえたことである。

事件翌日の五月一六日、木戸秘書官長は牧野内大臣を訪ね、事態の収拾策を進言した。

そのなかで、後継内閣については、政党を基盤としつつも挙国一致《きょこくいっち》内閣を提言し、具体的な後継首相として、軍部も納得できる斎藤実を推薦すべきだと主張した（『木戸日記』上）。

つぎに、今回の後継首相奏請《そうせい》方式は、これまでの西園寺（元老）と牧野（内大臣、場合により、宮相、侍従長も参加）による協議ではなく、重臣や陸海軍の元帥からの意見も聴取していることも特徴である。

五月一九日に上京してきた西園寺は、牧野内大臣、一木宮相、鈴木侍従長と協議したほか、陸海軍元帥と重臣からも意見を聴取した。牧野は、「非常の場合なれば奉答に付ては努めて慎重の手続を取られ度《たし》」（『牧野日記』）という考えのもと、元帥や重臣からの意見聴取を西園寺に求め、具体的に、重臣の若槻、清浦、山本権兵衛と、元帥の東郷平八郎《とうごうへいはちろう》、上原勇作《うえはらゆうさく》の名をあげている（『西園寺公と政局』二）。

今回、牧野内大臣が、西園寺に重臣や元帥からの意見を求めるよう要請した理由はさだかではない。ただ、前述したように、牧野は、山本権兵衛や清浦奎吾の「準元老」化運動に関与しており、枢密院に大物政治家を入れて、首相推薦などの権限をあたえるべきだという主張にも賛成であった。よって、五・一五事件後の非常時に、重臣から意見聴取することは、牧野にとって当然の措置であったといえよう。

西園寺は、五月二〇日から二二日にかけ、元帥や重臣から個別に意見を聴取し、牧野内大臣、一木宮相、鈴木侍従長と最終的な意見調整をおこない、二二日、天皇に斎藤を推薦した。木戸秘書官長は、自身の提言した斎藤内閣の実現に、「余の当初より考へて居《お》つたことと全く合致せるもので、愉快《ゆかい》を禁ずるを得なかつた」(『木戸日記』上)と、記している。

斎藤内閣成立までの過程で、天皇側近にとってわずかだが、はっきりとした変化がみられた。天皇の任免大権を代行する後継首相奏請権について、西園寺と牧野(一木、鈴木)による独占的な権限が、重臣や元帥からの意見聴取によって相対的となり、以後、重臣という地位が意識されるようになる。また、側近体制の内部において、西園寺や牧野グループより若い、木戸秘書官長や近衛文麿らの発言力が増し、側近全体の意思にも影響をおよぼすようになってきた。

国際連盟脱退

熱河省侵攻

「満州国《まんしゅうこく》」の建国後、関東軍は、隣接する熱河省《ねっかしょう》の「満州国」編入をくわだて、一九三三年（昭和八）一月一日、万里《ばんり》長城の東端・山海関《さんかいかん》で謀略をおこし、またも日中両軍が衝突した。おりしも、国際連盟では満州問題について審議している最中であり、欧米列強の反発をおそれる昭和天皇や天皇側近の不安はつきなかった。

天皇は、斎藤首相や奈良侍従武官長に憂慮の念を伝え、一月九日には、牧野内大臣に対し、熱河省での戦闘を早急に解決するため、御前会議《ごぜんかいぎ》の開催を提言した（『牧野日記』）。その場では、政府が御前会議の必要を感じるか疑問だと慎重論を返答した牧野だったが、帰宅後には、「熱河方面の進展の状勢あるに於《お》ては、一応談合を試みる事も止《や》むを得ざるべし」（同前）と、今後の状況しだいでは、政府に御前会議の是非をうかがうことも考えていく。

牧野内大臣の不安どおり、陸軍首脳は、中国への勢力拡大について出先軍と同じ考えであったため、なかなか出先軍の行動を抑制できなかった。そのため、情勢を観察していた牧野は、天皇から要請された御前会議開催にむけ、政府に働きかけを始める。牧野は、原《はら》田熊雄《だくまお》から「重臣会議か御前会議」の件を西園寺に伝えさせるとともに（『西園寺公と政局』二）、高橋蔵相にも、「関係大臣及軍部の当路者《とうじしゃ》の範囲」（『牧野日記』）による御前会議の開催を提案した。

前年の上海《シャンハイ》事変への対応として、御前会議が問題となった時、牧野は、重臣を主体とする会議を希望していたものの、西園寺から反対された経緯があった。そのため、牧野は、西園寺の主張する立憲君主制に配慮し、憲法で天皇への輔弼《ほひつ》責任をもつ国務大臣と統帥関係者による御前会議を提案したのであった。

ところが、高橋蔵相は、牧野の御前会議の提案について返答せず、熱河問題に対する閣内の意見状況を語った。そのため、牧野は、内閣の責任で御前会議開催を提起させることが不可能だと判断するとともに（同前）、再び重臣主体の御前会議を考えるようになる。

イギリス妥協案への対応

国際連盟では、満州事変以降の日本の行動を審議中であり、熱河作戦がこの審議にあたえる影響は大きかった。日本と同じく、海外に広大な植民地をもつイギリスは、当初から日本に宥和的《ゆうわてき》であり、日本に妥協案を提示してきた。それは、国際連盟規約第一五条第三項にもとづき、日中の直接交渉による解決をめざす内容であった。連盟理事会の勧告が公表され、解決の主導権を連盟側に委ねることになる解決方法と比べ、この案では、日本側の要求もある程度は認められ、なにより連盟脱退という危機を回避できる可能性が高かった。

そのため、イギリス妥協案を聞いた牧野内大臣は、原田熊雄を「至急」呼び寄せ、「脱退といふことは非常なことであるから」（『西園寺公と政局』三）、この案を受け入れるべきだと主張し、西園寺に伝えるよう依頼する。イギリス妥協案の検討は、牧野自身の考えによるものであると同時に、天皇の意思でもあった。牧野は、原田を呼ぶ前に天皇に拝謁し、天皇から「之《これ》〔イギリス妥協案のこと〕を承諾する方《ほう》帝国の立場として有利の様にも思考す」（『牧野日記』）、という言葉を聞いていたのである。

しかし、この件に関する西園寺の反応は、天皇や牧野内大臣と異なっていた。すでに、輔弼責任を有する斎藤内閣が妥協案拒否の決定をくだしていたこともあり、西園寺はイギリスからの提案を見送るべきだと考えていた（『西園寺公と政局』三）。

牧野グループの御前会議論

一九三三年（昭和八）二月五日、斎藤首相は訪ねてきた原田熊雄に対して、国際連盟脱退反対の意思を語り、同時に、脱退の可否を決定する際には重臣会議を開催するつもりだと伝えた。そして、斎藤は、その人選として、「枢密院議長、前総理大臣並に閣僚、民政、政友両党の総裁」と「国民同盟の安《あ》達《だち》〔謙蔵《けんぞう》〕氏」（同前）を考慮中だと述べた。

国際連盟脱退決定時に重臣会議を開きたいという斎藤首相の発言の背景には、重臣会議や御前会議の開催を希望する人々の考えがあり、その代表格が牧野内大臣であった。牧野は、二月八日に斎藤と会見し、「熱河問題もあれば御前会議開催に付《つき》意見の交換を」（『牧野日記』）した。牧野は熱河作戦問題と国際連盟脱退問題の両方を解決する手段として、御前会議を考慮していたのであった。

また、牧野内大臣は、斎藤首相に対し重臣会議の参加者として、「政党の総裁は必要なかろう。前総理大臣だけ入れよう」（『西園寺公と政局』三）と主張していることから、年来の持論である重臣主体の会議を想定したことがわかる。

後継首相奏請方式の改正をふくむ枢密院《すうみついん》改革が論議されていた一九二四年（大正一三）六月、枢密院にも後継首相奏請の権限をあたえるべきと説く九鬼隆一《くきりゅういち》枢密顧問官に対し、牧野は、「如此《かくのごとき》重大なる任務は其人《そのひと》に存するを以て、其職《そのしょく》にありとの理由に依《よ》り諮詢《しじゅん》に参加せしむる事は、形式に流れ実質之《これ》に添《そ》はざる憂ひあるべし」（『牧野日記』）、と答えている。牧野は、枢密院議長や両院議長という、「其職」に奉答の権利を与えるのではなく、奉答の権利を有するに値する「其人」が重要な役割を負うべきだと考えていた。そのため、国家意思を調整する機能が政党に備わっていないと認識していた牧野にとって、重臣会議に政党総裁を参加させることは無意味であった。

　また、重臣会議列席者の選定について、鈴木侍従長は、一九三三年二月八日付で斎藤首相に一通の書簡を送っている。書簡には、「御前会議列席者当方の調査に依《よ》れは別紙の通り」とあり、別紙に日露戦争前後に開催された御前会議の列席者と、斎藤内閣奏請前に西園寺が意見聴取した人物名が記されている（「斎藤実文書」九二九―一一、国立国会図書館憲政資料室所蔵）。別紙に記された参加者のなかで、三回ともに名前がでてくる山本権兵衛の名前がひときわ目立っている。

　そして、鈴木侍従長による「御前会議列席者の調査」は、天皇の希望でもあった。一九三三年一月、天皇は鈴木に対して、「明治天皇の御代《みよ》に、御前会議、或《あるい》は御前閣議のあつた事実を知つていらつしやつて、今度もそんなことでもしたらどうか」（『西園寺公と政局』二）と語っており、この天皇の意見により、鈴木が調査を開始したと思われる。

　牧野内大臣の発言と鈴木侍従長の斎藤首相宛書簡から判断するに、牧野と鈴木は、重臣を中心とする御前会議を考慮しており、とくに、山本権兵衛や清浦奎吾を重視していた。牧野にとって、山本や清浦が、「重臣」に値する「其人」と想定されていたといえる。

斎藤内閣では、当初、国際連盟脱退に反対の立場をとっており、閣議でも、満州問題をめぐる連盟の審議について、連盟から勧告を受けるようなことがあっても軽率な態度をとらず、勧告の内容をみてから慎重に判断することを申し合わせていた。

斎藤・西園寺会談

しかし、国際連盟から一九三三年（昭和八）二月一五日に内示された勧告案は、日本の重視する「満州国の存在を完全に否認」した内容だったため（臼井一九九五）、政府は連盟脱退へ傾斜していく。このような状況をうけ、西園寺は連盟脱退の不可避を観念し、政府や天皇側近が検討していた重臣会議についても、「結局脱退へ引きずつて行かれさうな大勢だから、この際、かういふ重臣会議は寧《むし》ろやめた方がいゝやうに思ふ」（『西園寺公と政局』三）と、原田熊雄に伝達する。原田は二月一八日に斎藤首相を訪ねて西園寺の意思を伝え、斎藤は翌日に西園寺を訪問したいと語った。斎藤は、脱退問題をめぐる最後の決断について西園寺の判断をあおごうとしたのである。

一九三三年二月一九日、斎藤首相は西園寺を訪ね、約一時間半にわたり会見した。斎藤の重臣会議を開かないという意見に対し、西園寺はこれに賛成し、国際連盟脱退について、

「脱退は最后《さいご》の所望とし結論総会后に導かれざるべからず、除名は到底望むべきことにあらず」(「斎藤実文書」二〇八—一〇〇、国立国会図書館憲政資料室所蔵)と語った。西園寺は、脱退を最後の手段とすべきも、除名されるくらいなら、脱退という選択肢もありえるという意見であった。

その後、連盟側からの勧告文の内容が判明し、「満州国」の承認が得られない状況となった時、斎藤首相は外務省の主張する「協調のための脱退」路線を選択した(井上一九九四)。国際連盟にとどまって列強との関係を悪化させるより、脱退しても列強各国との協調関係を保てるならば、結果的には協調外交の維持にほかならない。

国際連盟脱退という方向が決まった以上、重臣会議の招集は不要となる。国際連盟脱退後の協調外交維持が保障されるならば、脱退の決定は閣議でも十分であり、各政治勢力の代表者を集結する重臣会議の招集は、かえって事態を紛糾させる危険性があった。そのため、斎藤首相と西園寺は、重臣会議の開催を見送ったのである(茶谷二〇〇九)。

国際連盟脱退

斎藤首相と西園寺の会談により、国際連盟脱退は事実上、決定したといってよく、あとは閣議決定を待つばかりであった。二月二〇日の閣議前には、脱退可否の態度を決めかねていた山本達雄内相、鳩山一郎《はとやまいちろう》文相、後藤文夫《ごとうふみお》農相らの閣僚が、原田熊雄に西園寺の意向をたずね、西園寺の「脱退やむなし」という意思に納得し、態度を決定させた（『西園寺公と政局』三）。西園寺の意思が斎藤内閣の外交路線をまとめたといってよい。閣議で外交問題が処理されたことで、国際連盟脱退を決定する重臣会議も開催されなかった。

国際連盟問題は、総会でのリットン報告書の採決をうけ、一九三三年（昭和八）三月二七日、枢密院本会議において正式に脱退を決定し、天皇の詔書《しょうしょ》も発せられて落ち着くことになる。

牧野の不満

協調外交維持のため、御前会議開催を計画してきた牧野内大臣は、斎藤首相の御前会議不開催と国際連盟脱退の判断に驚いた。とくに、国際連盟脱退の決定につき、牧野は、「其《その》意味を十分玩味《がんみ》せず、只《ただ》脱退に依り大《おおい》に目的を達したる如く、脱退が恰《あたか》も目的なるが如く思ひ込み、其目的達成に狂奔《きょうほん》の言論界の現状、帝国人心の軽徴《けいちょう》〔佻〕を示すものにして、前途の為《た》め憂慮に堪へず。時日経過の後は必ず悟るところあるを信ず」（『牧野日記』）と、政府だけでなく、脱退をあおったマスコミや世論をも痛烈に批判した。

ただし、天皇や牧野の望む協調外交の維持、すなわち国際連盟にとどまる選択をした場合、「満州国」の存在は否定され、連盟の提示する「満州」経営案に従わねばならなかった。牧野は、満蒙権益を保持したうえで英米ら大国との協議も可能だと考えていたのであろうが、事態はそれを許さないほど深刻であった。

国際連盟脱退問題を通じ、天皇や牧野グループは、協調外交維持のため御前会議招集を計画した。しかし、斎藤内閣は、「満州国」を否認した国際連盟からの勧告をうけ、国際連盟にとどまる道より脱退したうえでの協調路線を選択し、御前（重臣）会議招集についても、西園寺の立憲君主論を採用してこれを見送る政治判断をくだした。

二・二六事件と側近の一新

牧野内大臣の辞任

天皇側近内部のほころび

満州事変《まんしゅうじへん》から国際連盟脱退にいたる過程で、天皇や牧野グループは、協調外交を維持するため御前会議や重臣会議の開催を主張してきた。しかし、西園寺は、天皇の政治責任問題がおこる危険性を懸念してこれに反対し、木戸秘書官長も重臣や政党の政治力を軽視して、同じく反対した。とくに、木戸の存在は、牧野グループによる政治思想や側近としての輔弼姿勢の共有、側近間の結束という大正後期以来の牧野主導体制に変化をもたらすこととなった。

一九三二年（昭和七）以降、牧野グループによる政治的協議は激減していく。その理由として、一九三二年から一木宮相、関屋宮内次官、河井侍従次長が辞任していくこと、外部からの側近攻撃の激化という要因のほか、木戸、近衛ら若手の側近が西園寺と牧野内大臣らとの間に情報収集、情報伝達役として介在し、側近全体の政治思想、政治方針に影響をおよぼしていくということもふくまれよう。

牧野グループによる側近協議が開かれなくなることは、側近全体での統一見解の共有、意見交換の機会が失われることを意味し、構成員の不満もつのっていく。河井侍従次長は、斎藤内閣による「満州国」承認の閣議決定の情報を聞いて、「今日の事態は五月十五日以後の状況に比して大小軽重、到底同日の比にあらず。然《しか》るに元老、重臣、悉《ことごと》く眠れるが如く、国務機関の活動、軍部を除いては何等意に介せざるが如き観あり、深憂に堪へず」（『河井日記』六）と、軍部を統制できない西園寺や重臣らへの不満を日記に書きつづっている。

天皇側近の構成員である河井侍従次長までもが元老西園寺を批判しているところに、この時期における政治危機の深刻さをあらわしている。いくら、西園寺が高度な政治的判断から自身の立憲君主論にもとづいた対処法を提示していたとはいえ、河井に限らず、少なくとも同時代において、現状維持的な思想をもつ政治家や官僚、政治評論家にとって、西園寺の対処法は、傍観主義的にしかみえなかったのである。口外していないものの、牧野内大臣も同様の思いを抱いていたに相違ない。

天皇側近の間に生じてきた不協和音は、「満州国」をめぐる外交問題だけでなく、過激化する側近攻撃や軍部統制の対処をめぐり、さらに大きくなっていく。

一木宮相の辞任

ロンドン条約問題のころから右翼や軍部による側近批判がめだつようになり、満州事変以降は、牧野グループを標的にした痛烈な批判活動が展開されていた。そして、一九三二年（昭和七）には、牧野内大臣・鈴木侍従長・一木宮相という天皇側近の基軸ラインを打ち崩す、一木宮相の辞任という事態にまで発展する。

一木宮相が辞任した原因は、田中光顕《たなかみつあき》元宮相による執拗なまでの批判にあった。田中によると、高松宮宣仁親王《たかまつのみやのぶひと》の結婚に反対する自分の意見を、一木が無視して挙行させたことが直接的な原因だったようである。

一九三二年八月三日、関屋宮内次官を訪ねた田中は、自分に相談なく高松宮の結婚を挙行した一木宮相の責任を追及し、なんらかの措置をとると伝えた（「関屋貞三郎日記」）。関屋から事情を聞いた牧野内大臣も田中と面談して意見を聴取したものの、「事の軽重を熟慮する余地なく、全く感情に支配されて弁論」する様子であったため、一木は、「自分〔が〕犠牲となる外《ほか》あるまじ」（『牧野日記』）と、自身の辞任によって事態をおさめようとした。

西園寺や牧野内大臣は一木宮相の辞意に納得しなかったが、一木の辞意は固く、一九三三年二月に辞職し、後任に湯浅倉平《ゆあさくらへい》（会計検査院長）が就いた。内務省の先輩後輩ということもあり、一木と関係の深い湯浅が後任の宮相に就いたことで、天皇側近は表面上、その体制を維持したかにみえる。しかし、牧野グループの一角が崩れたことで、天皇側近内部における結束力の低下と外部からのさらなる批判攻撃をうながすことになる。

牧野批判の高まり

一木宮相が辞任すると、右翼や軍部の批判対象は、牧野内大臣に集中していく。田中元宮相も一木への批判活動とあわせ、内大臣廃止論も唱えており、現職内大臣の牧野も批判の対象とされていた。田中の内大臣廃止論の趣旨は、「天皇を輔弼する役職としては宮内大臣で十分であり内大臣職は不用である」という点にあり、新聞にも掲載されたため天皇側近も対応に追われた。天皇も心配し、関屋前宮内次官から田中に注意させてはどうかと対処を提案するほどであった。結局、湯浅宮相が田中と会見する機会が生じた際に、天皇の憂慮を伝えることにし、側近からの抗議行動を控えることにした（林茂編『湯浅倉平』）。

また、一九三三年（昭和八）八月から、五・一五事件の被告に対する軍法会議公判が始まっており、被告らは、事件を引き起こした要因として、政党や財閥の腐敗とともに、ロンドン条約時の牧野内大臣と鈴木侍従長による帷幄上奏《いあくじょうそう》阻止を指摘して、その非を公言していた。被告らの陳述は、新聞に掲載され世論を刺激する危険性があった。そのため、牧野は、帷幄上奏阻止の事実無根を証明する声明文の作成を木戸秘書官長に依頼した。軍部の誤解をとくため、陸海軍大臣宛てに作成されたこの声明文は、八月三一日、斎藤首相に提示された（『木戸日記』上）。

牧野内大臣に対する批判攻撃は、帷幄上奏阻止問題のような言論での非難にとどまらず、生命の危機をまねくテロの標的とされるほどであった。牧野の周辺では、「身辺頗《すこぶ》る危険なり」（同前）という情報が流れており、一九三三年七月に発覚した神兵隊《しんぺいたい》事件（右翼によるクーデター未遂事件）では、牧野は斎藤首相以下の閣僚や政党総裁らとともに襲撃対象にあげられていた。

牧野更迭の声

激しさを増す側近批判をうけ、木戸秘書官長や近衛は、批判緩和のため内大臣、宮相、侍従長ら側近上層の更迭《こうてつ》を考慮していた。一九三二年（昭和七）八月、関屋次官と会見した木戸は、側近批判の対象が牧野内大臣に集中しているため、「此際内府《このさいないふ》の進退も積極的に計画的に考慮し、遺漏《いろう》なきを期するの要あるべし」（同前）と、牧野の内大臣辞任を提起した。同じ頃、木戸や近衛は、牧野の更迭とともに、伏見宮海軍軍令部長の内大臣起用、平沼枢密院副議長、徳川家達《とくがわいえさと》貴族院議長らの宮中入りなど、批判勢力に迎合する宮中人事について協議している（同前）。木戸は、牧野の更迭について、関屋宮内次官や西園寺と連絡をとりあい、実現に向けた行動をおこしたものの、「肝心《かんじん》の大臣〔牧野〕の意思不明なれば、策の施《ほどこ》し様《よう》なしとの結論」（同前）に達し、牧野の意思を確認することにとどめた。

その後も、木戸秘書官長や原田は、側近上層部の更迭案をいだきつづけ、一九三三年秋には、鈴木貞一《すずきていいち》陸軍新聞班長との会談で、牧野辞任と近衛後任案などを協議し、原田は賛成して木戸を説得するよう鈴木にうながしている（「鈴木貞一日記」『史学雑誌』第八七編第一、第四号、一九七八年）。

牧野内大臣の更迭案は、天皇側近において軍部への宥和《ゆうわ》政策の手段として認識されていき、木戸や原田らの主導で、西園寺や関屋次官らも賛同していた。若手の木戸や原田はともかく、牧野と関係の深い関屋までもが更迭に賛成しているところに、側近内におけるその浸透ぶりがうかがえる。もちろん、牧野更迭は、牧野を宮中から排除するといった排他的な意味からではなく、牧野の身の安全や批判勢力による天皇、側近批判を緩和するためのスケープゴートとして考慮されていたことはいうまでもない。また、いったんは批判勢力を緩和させるため、牧野更迭に同意した西園寺であったが、その後の側近攻撃の激化という情勢をうけ、反対に牧野更迭の不可を主張するようになる。

関屋と河井の辞任

一木宮相や牧野内大臣の更迭問題と並行して、河井侍従次長と関屋宮内次官の辞任も実施されていた。関屋の辞任については、本人が一九三一年（昭和六）頃から在職の長期化や後進登用を理由に辞意をもらしていた。一九三二年に河井の侍従次長更迭が決定されると、関屋の辞職も認可され、一木とともに辞表を提出し、約一二年勤めた宮内次官の地位を辞した。

河井侍従次長の更迭の場合、本人が不服であり、上司の鈴木侍従長も反対したものの、一木宮相が決断して河井に更迭をせまった（『河井日記』六）。河井の辞任の背景については、木戸秘書官長ら若手の側近による提言が影響していた可能性もある。

一九三二年二月に木戸や原田、近衛らと思想家の安岡正篤《やすおかまさひろ》が懇談した際、「宮中改革に就《つい》ては、大臣は兎《と》も角《かく》も、少なくとも次官、次長等は此際《このさい》勇退し、人心を転換するの要あり」という意見が提起された。そして、四月二四日には、木戸、原田、近衛が一木宮相を招待し、「宮内省改革の問題」について協議している（『木戸日記』上）。一木による河井への辞任勧告の時期を考えると、木戸や近衛らの「宮中改革」論が影響をあたえた可能性も否定できない。

関屋の後任の宮内次官には、大谷正男《おおたにまさお》（宮内省内蔵頭）が、河井の後任の侍従次長には、広幡忠隆《ひろはたただたか》（逓信省管船局長《ていしんしょう》）がそれぞれ就任する。大谷や広幡は、関屋と河井のように、牧野グループのメンバーとして側近の政治協議にくわわることもなかった。こうして、牧野内大臣は、政治問題を協議する仲間や情報連絡役を失い、側近内の影響力を低下させていくのであった。

また、湯浅宮相、大谷正男宮内次官という新しい宮中布陣に対する外部の印象も、一木・関屋時代と比較して軽視されていた。一九二〇年代来、牧野主導の側近体制に批判的であった枢密院議長団は、平沼副議長の「湯浅は正直なるも臨機に処置を為《な》し得ず」「宮内省も湯浅の大臣にて大谷の次官にては弱きことならん」、倉富議長の「他より圧迫せらるるならん」(『倉富勇三郎日記』)という発言からもうかがえるように、新しい宮内省首脳に低い評価をくだしている。

華北分離工作

「満州国」建国後も中国大陸での勢力圏拡大の手をゆるめない陸軍の次なる目標は華北《かほく》地方であり、この地を国民政府の主権から切り離し、日本の支配下におこうと企てた(華北分離工作)。華北分離工作の情報が国内に伝わると、出先軍による勝手な行動を心配した天皇は、牧野内大臣に対して、御前会議開催を提言した(『牧野日記』)。牧野は、天皇の意見を伝えるため、一九三五年(昭和一〇)六月一八日に西園寺のもとを訪ねる。

西園寺は、これまでと同じく、御前会議を開いても軍部と内閣の意見が一致しない場合や、天皇への政治責任の波及を恐れて反対した(同前)。同席上、西園寺は時局対策として、「是《これ》と云《い》つて策はない」(『木戸日記』上)と語っており、御前会議に反対しながら、みずから軍部統制に積極的な行動をとろうとはしなかった。

西園寺に御前会議を反対された牧野内大臣は、七月一三日、岡田啓介《おかだけいすけ》首相にも同様の件につき打診した。岡田は、元老や重臣の政治介入に否定的な考えをもっていたため、牧野の御前会議招集の提案についても、華北問題は外務省や陸軍省の協議に任せてあると返答し、内閣で処理する意向を示した（『牧野日記』）。政治面で輔弼責任を負う岡田首相から反対されては、牧野も御前会議開催をあきらめざるをえなかった。

牧野の孤立

天皇側近の間では、政府のいうことを聞かない軍部への対応やその軍部を統制するための政治体制再編などをめぐり、意見の分裂がより深まっていた。

政治体制の再編について、西園寺と木戸秘書官長が、政治思想の違いはあれども立憲君主制の維持を優先させ、現行の内閣政治を修正、補強した体制を考慮していたのに対し、牧野グループは、協調外交の維持を最優先に考え、中国大陸で列強の利権を無視した軍事行動を続ける軍部の統制を重要な政治課題と認識していた。そのため、牧野らは現行の内閣政治によって軍部を抑制できない状況では、各政治機関の上位に国家意思を調整する機関を設置しようと考慮し、具体的に御前会議や重臣会議の開催をもとめていた。

牧野グループの意見は、側近の意思を最終的に決定する元老の西園寺と、側近に政治情報を伝える木戸秘書官長から反対され、頓挫《とんざ》してしまう。さらに、一木宮相や河井侍従次長、関屋宮内次官など、大正後期以来、政治思想や輔弼姿勢を共有してきた牧野グループのメンバーが辞職していき、牧野は、鈴木侍従長をのぞいて重要な問題を相談する相手がいなくなってしまっていた。牧野が「最悪の事態になったと珍しく家人に語」(馬場一九八九)り、内大臣辞任を決意していく背景には、軍部や右翼勢力になすすべなく追随していく時局への憂慮と側近間の意見対立から、それを阻止できないみずからの無力と孤立を感じていたに違いない。

牧野内大臣の辞任

一九三五年(昭和一〇)には、華北分離工作による対外危機のほか、国内では、天皇機関説排撃運動とそれに連動した天皇側近への排斥運動がおこっていた。なかでも、在職歴の長い牧野内大臣と美濃部達吉《みのべたつきち》の師であった一木枢密院議長(一九三四年五月に就任)への批判が激しく、いわゆる「重臣ブロック」排撃が叫ばれていく。

機関説排撃運動と天皇側近への批判が勢いを増すなか、牧野内大臣は、心身衰弱を理由に辞意をかためていく。ただ、牧野は以前から在職期間の長さや健康問題、人身一新などを理由に辞意をもらしていた(『牧野日記』)。牧野が辞意をかためていく背景には、自身が語る理由のほか、外部からの激しい側近批判も影響していたであろう。また、天皇側近間の意見対立がおよぼす精神的消耗という側面も無視できない。一九三五年一二月二〇日、

牧野内大臣辭職
後任に齋藤實子
けふ親任式御擧行

牧野內大臣は豫て病氣のため辭意を有してゐたが最近愈々辭職することゝなり辭表捧呈の結果その後任は前首相齋藤實子に決定、右親任式は二十六日午後二時半宮中鳳凰間に於て天皇陛下出御の下に鈴木侍從長、本庄武官長侍立の上、陛下より優渥なる勅語を賜ひ親任式を終らせられた【寫眞は齋藤實子】

図10　内大臣に就任した斎藤実（『東京朝日新聞』1935年12月27日夕刊）

牧野は湯浅宮相に辞表を提出し、一九二五年三月以来勤めてきた内大臣の地位を辞した。後任の内大臣には、前首相の斎藤実が一二月二六日に就任する。

牧野の辞任は、天皇にとっても衝撃であった。天皇と牧野の付き合いは、摂政時代にまでさかのぼり、約一四年におよんだ。この間、牧野は、宮相、内大臣として、「宮中・府中」の両面から天皇を支え続けてきた。天皇にとって、牧野の辞任は、一人の側近の辞任という事実以上に、大きな衝撃と惜別《せきべつ》の念を抱かせる出来事であった。そのため、入江相政《いりえすけまさ》侍従が、斎藤内大臣の親任と牧野の辞令の上奏書を持って天皇の前にすすむと、天皇はこれを裁可した後、声をあげて泣いた（入江為年監修／朝日新聞社編『入江相政日記』一）。天皇の涙には、政治思想を共有し、御前会議開催などの主張にも、その実現に向けて奔走してくれた牧野に対する格別の思いがこめられていたに違いない。

牧野内大臣の辞任は、天皇側近の体制にとって、一つの時代の終わりを意味した。これで、牧野グループのメンバーは、鈴木侍従長をのこすのみとなる。新しく内大臣に就任した斎藤実のもと、どのような側近体制が整備されていくのか、注目されるところであった。しかし、その矢先に二・二六事件という大事件が発生するのである。

二・二六事件の影響

二・二六事件の衝撃

一九三六年（昭和一一）二月二六日におこった二・二六事件は、近代日本における最大のクーデター未遂事件であり、その後の政局に大きな影響をおよぼした。反乱をおこした陸軍青年将校らの目標には、「君側《くんそく》の奸臣《かんしん》」の排斥も掲げられており、天皇側近も襲撃の対象とされた。その結果、斎藤内大臣、鈴木侍従長が襲撃をうけ、斎藤は即死、鈴木は一命をとりとめたものの、重傷を負った。また、湯河原《ゆがわら》の旅館に宿泊中の牧野前内大臣も襲撃されたが、からくも難を逃れた。

二・二六事件後、天皇側近は、内大臣と侍従長が不在という非常事態となった。この事態に際して、事件処理の中心的な役割をはたしたのが、湯浅宮相と木戸秘書官長であった。彼らは、前宮相の一木枢密院《すうみついん》議長を宮中に招き、「聖旨《せいし》を拝して事実上常侍輔弼《じょうじほひつ》の任」

（木戸日記研究会編『木戸幸一関係文書』）にあたらせ、内大臣の任務を代行させた。その結果、一木、湯浅、木戸のほか、広幡侍従次長を加えた四人による緊急の側近指導体制がしかれ、後継首相奏請《そうせい》、内大臣の後任選定など、重要な問題を解決していった。

岡田内閣総辞職後の後継首相奏請では、西園寺が一木と木戸の意見を聞いたうえで、貴族院議長の近衛文麿《このえふみまろ》を推薦した。しかし、近衛は、健康問題を理由に大命を拝辞する。近衛の大命拝辞に困惑した天皇側近は、つぎの候補者として、ソ連との緊張緩和を重視し、駐ソ大使の経歴のある広田弘毅《ひろたこうき》の推薦でまとまった（服部二〇〇八）。広田の大命拝受ののち、三月九日に広田内閣が成立する。

また、内大臣の後任選定では、「常侍輔弼」という職務や天皇側近のなかでも重要な地位であることから、西園寺も「ロボットは此際《この》不可なり」（『木戸日記』上）との意思のもと、軍部に迎合せず、列強との協調外交を維持していくのに適当な人物を要求した。西園寺の選考基準をうけ、湯浅宮相と木戸秘書官長が人事を協議し、近衛を候補にあげるも、またも近衛は健康問題を理由に固辞したため、湯浅らは、次案として駐英大使の松平恒雄《まつだいらつねお》の起用を思いたった。内大臣への就任を打診された松平は、内政に精通していないことや同じく外務省出身の広田が首相に就いたことによる周囲からの批判を気にして、内大臣就任に難色を示したため、湯浅が内大臣に転じ、松平を宮相にすえることで落着した（同

図11　湯浅倉平（左）と松平恒雄（右,『東京朝日新聞』1936年3月7日夕刊）

前)。

内大臣、宮相の後任が決定し、天皇側近は二・二六事件による危機を脱した。側近の上層部は、湯浅内大臣、松平宮相、鈴木侍従長という構成となった。牧野内大臣や斎藤内大臣時代と比較すると、過去の経歴や政治的見識という点で見劣りする感は否めない。また、この側近体制で重鎮となるはずの鈴木は、襲撃による負傷でしばらく勤務できない状態であった。

百武侍従長の選定

二・二六事件で重傷を負った鈴木侍従長はしばらく公務に就けない状態であり、側近の間では早くから後任人事の選考をすすめていた。側近人事の最終決定者である西園寺は、侍従長として、政治的見識が深くて人情の機微を理解できる者を求めていた（『西園寺公と政局』五）。

いっぽう、今や湯浅内大臣ら上層部以上に発言力をもつほどになった木戸内大臣秘書官長（一九三六年六月一三日以降は、兼任だった宗秩寮《そうちつりょう》総裁専任となる）の選考基準は、西園寺と異なっていた。木戸は、侍従長候補として陸軍出身の貴族院議員西郷従徳《さいごうじゅうとく》をあげ、「今日、内大臣が始終お側《そば》に出ていろんな御相談に与《あずか》るから、今度の侍従長はさういふ意味ではなく、いざといふ場合にやはり肚《はら》の据《すわ》つた人であれば、形は寧《むし》ろ本当の侍従職を纏《まと》めて行くだけの侍従長であればよい」（同前）と語った。

木戸は、政治面における天皇の側近として内大臣が配置されているので、侍従長は政治の諸問題に関与せず、侍従たちを統率するだけで十分だと考えていた。

西園寺と木戸の侍従長職に対する見解には、かなりの隔たりがあった。珍田捨巳《ちんだすてみ》、鈴木《すずき》貫太郎《かんたろう》のように相当の政治経歴を積み、穏健な政治思想をもつ人物の起用を重視する西園寺と、天皇の身のまわりの世話役という政治的力量を問わない木戸とでは、期待される侍従長の役割はまったく異なったものとなる。

もともと、明治期以来、侍従長の職務については、解釈があいまいであり（タイタス一九七九）、昭和期の珍田捨巳、鈴木貫太郎のように、牧野内大臣、一木宮相らとともに政治に関与する者もあらわれてきた。また、侍従長が政治的教養を身につけておくことは、

図12　親任式に参内する百武三郎
（『東京朝日新聞』1936年11月21日夕刊）

側近間の意思疎通と連携を重視する西園寺の認めるところであった。

　つまり、元老と天皇側近の間で侍従長の選定について難航した理由とは、侍従長職務に解釈の余地があり、政治的教養を重視する西園寺と、明治、大正期のような官制どおりの天皇の世話役を求めた木戸との意見の相違にもとづいていたのである。

　その後も、西園寺と木戸らとの選考基準の違いが原因となって、侍従長選考は難航した。最終的には、一九三六年（昭和一一）一一月一三日の松平宮相と木戸宗秩寮総裁との会談で、松平が予備役海軍大将の百武《ひゃくたけ》三郎《さぶろう》の起用を提案し（『木戸日記』上）、西園寺に決定をあおいだ。西園寺は、「人格者といふんならい、だらう」（『西園寺公と政局』五）と、積極的ではないにせよ了解し、一一月二〇日に百武侍従長の親任式がおこなわれた。

新しい側近体制への評価

百武侍従長の就任により、側近上層部の湯浅内大臣、松平宮相、百武侍従長がそろい、宮中新体制が確立した。しかし、百武は、対立する天皇側近の選考基準において、反対論がないという消去法から選定されたにすぎなかった。牧野内大臣や一木宮相、関屋宮内次官らが大きな期待をよせて起用を要請した鈴木貫太郎の時とは、就任段階から求められる侍従長の役割が異なっていたといえる。また、湯浅内大臣も宮相からの転任であり、松平宮相は、外務官僚出身で西園寺の望む親英米派ではあったが、以前の側近陣容と比べてやや劣った感がいなめない。しかしながら、側近のなかでも、内大臣、宮相、侍従長が重要な地位であることに変わりはない。各政治勢力や世間も、湯浅内大臣ら新しい側近の言動に注目していた。

百武侍従長への評価は、『東京朝日新聞』の記事で、ロンドン条約関係者や政治的影響力のある者を避け、どの政治勢力や政治思想にも「無色無臭の人物を求めた」との選考過程を伝えている（『東京朝日新聞』一九三六年一一月二〇日）。そこでは、西園寺が主張していたような政治的見識を備え、公私両面から天皇を支える役割ではなく、木戸宗秩寮総裁の主張する、天皇の身の回りの世話役という役割が期待されていた。

『中央公論』誌上では、政治評論家の阿《あ》部《べ》真《しん》之《の》助《すけ》が湯浅内大臣と松平宮相を評している。阿部は、湯浅内大臣について、性格の清廉潔白《せいれんけっぱく》さや自他への厳格さが各方面で好評だといいながら、清廉潔白な性格には、「偏狭、孤高、人を容《い》れない、仮借《かしやく》をしない、エゴイズムに向う危険性」という短所もあると指摘する（『中央公論』一九三六年四月号）。また、湯浅と松平の今後の側近活動について、「心構えが消極的であり、それゆえ、大した失敗もなく適当に職務をこなしていくだろう。しかし、かりに国の大事に至った場合でも、彼等は期待されないであろう」（同前）と予想している。阿部は、湯浅と松平に、重要政務にたずさわるような政治的役割には期待せず、官僚として宮中の仕事をこなすことを求めているにすぎない。

このように、二・二六事件後の側近に対する世間の評価として、湯浅内大臣らは、牧野内大臣期のように、政治問題に積極的に関与していく役割を期待されておらず、宮中での職務を忠実にこなすだけの官僚とみなされていた。

実際、日中戦争勃《ぼつぱつ》発後に湯浅内大臣と会見した小山完吾《こやまかんご》（元時事新報社記者）は、「西園寺公、または牧野伯とことなり、職務第一とするが精一杯にて、当方の話を熱心聴取の誠意充分に認むべしといへども、自家《じか》〔自分〕の意見は、戒心《かいしん》して一言も漏《もら》さざらん」（小山完吾『小山完吾日記』）と、湯浅を評価している。小山は、内大臣としての湯浅について、仕事をこなすことに精一杯であり、西園寺や牧野とは違うと洞察していた。

内大臣秘書官長として一時期、湯浅内大臣に仕えた木戸も、「非常に謹厳な人」「実直な人」と評価するいっぽう、「警察畑でどうも少し視野が狭い」「〔各方面からの情報を整理して〕調子を取ることが下手、牧野とは段違い」（『木戸幸一政治談話速記録』上）と評しており、牧野と比較して、政治的な視野や情報分析、適応力が劣っていたと回想している。後年の談話とはいえ、木戸の言葉は、内大臣としての湯浅の実態をよく表現しているといえよう。

綏遠事件と湯浅の対応

二・二六事件後、陸軍内では統制派が主導権をにぎり、粛軍《しゅくぐん》の名のもと政治への発言力を強め、国防国家建設の目的のため、閣僚選考や外交政策などに公然と関与していった。広田内閣や天皇側近は、このような軍部と向き合わねばならなかった。

一九三六年（昭和一一）一一月、陸軍は華北《かほく》分離工作を進展させ、綏遠《すいえん》省への侵攻をみすえた綏遠事件がおこった。モンゴル人で日本軍の手先となったチャハル省の徳王《とくおう》軍を支援するため、関東軍が出兵の許可を陸軍中央に要請してきた。陸軍中央では、寺内寿一《てらうちひさいち》陸相の主張する関東軍に勝手な行動をさせないという方針のもと（『西園寺公と政局』五）、なんとか現地軍の出兵を抑えていた。

いっぽうの海軍は、もともと華北地方が海軍の管轄ではなかったため、綏遠事件の抑制に賛成であった。そのため、伏見宮軍令部総長も綏遠事件について憤慨し、湯浅内大臣に、

「なんとかこの問題について陛下からでも陸軍を抑へて戴《いただ》きたい」（同前）と、要請した。

湯浅内大臣は、天皇による陸軍への直接命令に慎重であり、広田首相へ「国家存亡に関するから、何がなんでも喰止《くいと》めてもらひたい」（同前）と伝えていることからも、内閣の責任で紛争を解決するよう期待していた。しかし、湯浅は、内大臣就任後、はじめて迎える重大な対外問題の処理に自信がないのか、西園寺に判断をあおごうとした。

今回の湯浅内大臣の対処は、華北分離工作の際における牧野内大臣とは対照的であった。牧野は、天皇が華北工作や陸軍出先の行動に心配していたことから、岡田首相に御前会議の開催を要求した。天皇の意思を尊重する牧野は、天皇親政による問題解決をめざしていた。しかし、湯浅は、牧野のような天皇親政による解決ではなく、内閣や統帥部の責任に委ねるという考えであった。

また、湯浅内大臣は西園寺への伝言として、「自分も微力ながら今日内大臣として、できるだけのことは御奉公申し上げてをるけれども、なほ足らないところがたくさんあると思ふから、どうかお気づきの点はどしどしおつしやつて戴きたい」（同前）と語っており、自分の輔弼姿勢の是非について、西園寺に確認していたのである。

西園寺の統帥権理解

西園寺は、伏見宮軍令部総長の提案した意見について、「参謀総長宮（閑院宮）と話されたらどうか。さうして、どこまでも陸海軍部内の問題として大元帥陛下に両殿下からお話しされたらい、ぢやないか」（同前）と答えた。西園寺は、軍事面での輔弼責任者である陸海統帥部長が協議したのち、両者から天皇に話して処理するのがよいという意見であった。その場で、天皇から両者に注意があっても、両統帥部長の責任で陸海軍内を統制すべきだと、西園寺は考えていた。この点、湯浅の慎重論とは、対処法が異なっている。

西園寺は、一九三四年（昭和九）のロンドン海軍軍縮条約改定問題でも、条約廃棄をめざす軍令部の強硬論に押されていた岡田内閣の施政をみて、天皇から両統帥部長へ注意を下すよう提案したことがあった（『西園寺公と政局』四）。西園寺の意見を聞いた牧野内大臣は、天皇への政治責任の波及をおそれる西園寺の輔弼論を熟知していたため、「多少合点の行かざる次第もあり、只《ただ》聞流しに止め置きたる」（『牧野日記』）と、実行にはうつさなかった。

西園寺は、統帥権の運用にあたって、「大元帥」天皇による統帥部への注意という行為を、憲法上問題がないと認識していたのであり、一貫した西園寺流の輔弼論であった。しかも、統帥部への注意は、外交という政治領域への軍の介入を注意することを意味しており、責任政治を重視する西園寺の考えからすると、想定内の行動であったといえる。

摂政時代から側近として仕えてきた牧野内大臣や一木宮相が退任し、湯浅内大臣、松平宮相、百武侍従長の新体制が整備されると、若いころから重要な政治問題に直面してきた昭和天皇は、側近から自立する傾向をつよめていく。そこへ、統帥に関係する問題が頻発するようになると、統帥権に介入できない天皇側近の影響力は、さらに低下していくことになる。なお、統帥権については、内閣や議会などと同じく、統帥部以外の者は、元老であっても、「常侍輔弼」の任をおう内大臣であっても、これに介入することはできなかった。湯浅時代における天皇側近の政治的影響力低下の要因として、昭和天皇の自立と、統帥事項の拡大ということもあげられよう（安田一九九八）。

宇垣内閣流産問題

一九三七年（昭和一二）一月二三日の広田内閣総辞職後、湯浅内大臣は西園寺を訪ね、後継首相に宇垣一成《うがきかずしげ》を推薦することで合意した。しかし、宇垣の大命拝受と同時に、陸軍内部では、中堅層が中心となって組閣阻止をくわだて、陸相の推薦を拒否する。

このとき、宇垣が出身母体の陸軍から組閣阻止工作をうけた理由については、陸軍中堅層の言い分として、大正時代の宇垣軍縮や一九三一年の三月事件への関与などから粛軍をすすめるうえで不適格とみなしたと伝えられている。しかし、陸軍中堅層が宇垣を忌避した真の理由とは、中堅層のめざす軍部主導の国家体制構築の計画に対し、宇垣が元老や宮中側近、政党勢力と組んで軍部を統制する可能性があったため、是が非でも宇垣の組閣を阻みたいという意図がこめられていたのである。

身内であるはずの陸軍から組閣妨害をうけた宇垣は、組閣へ向けて最終手段を講ずる。天皇の優諚《ゆうじょう》（命令）によって陸相を選出し、組閣成立をめざす方法である。宇垣は、一

図13　組閣強行のため参内する宇垣一成
（『東京朝日新聞』1937年1月28日夕刊）

月二七日に参内し、湯浅内大臣に対して、陸軍の行動は天皇の任免大権を犯すもので、天皇の勅命を陸軍に下して陸相を選出してもらいたいと伝えた。すると、湯浅は、「さういふ無理をなさると血を見るやうな不祥事が起こるかも知れぬ」「どうもそこまで陛下をお煩《わずら》はしすることは」（宇垣一成著／角田順校訂『宇垣一成日記』二）と答え、宇垣の提案を拒絶した。

湯浅内大臣の冷淡な対応に、後日、宇垣は、「元老側近辺が摩擦《まさつ》なく余の出廬《しゅつろ》が出来ると思ひありしことと摩擦の起りし際に処しての決意が意外に堅確を欠きしこと」（同前）が予想外だったと語り、後継首相奏請にあたった西園寺や湯浅らの対応を批判している。

天皇の優諚を拒否した湯浅内大臣の見解は、天皇側近の総意だったのであろうか。木戸宗秩寮総裁も湯浅に、「天皇は飽《あ》く迄《まで》も政界のごたごたから超然として居《お》らるることが必要である」（『木戸幸一関係文書』）という理由で、優諚案に反対している。湯浅と木戸が優諚に反対した理由は、天皇を利用した強引な組閣強行によって天皇を政争にまきこみ、天皇に対する不満が陸軍内につのって、「血を見るやうな不祥事」の発生をおそれていたためである。両者の政治判断の背景には、木戸が指摘するように、「天皇は政界から超然としていなければならない」という、親政を否定する立憲君主論が理論的根拠となっていた。

いっぽう、西園寺の考えは、組閣強行論であった。一九三七年一〇月、宇垣を訪ねた原田熊雄は、西園寺の言葉として、宇垣内閣によって政党の改革と軍部の統制を実現させようと考えていたのだと伝え、「一月末の場合にも強行せしめんかとも思ひしが側近者の意見もありて終りたり」（『宇垣日記』二）と語った。西園寺は、宇垣内閣の組閣強行を考えていたのに、湯浅や木戸ら側近者の反対で断念したというわけである。

西園寺が宇垣内閣の組閣強行をめざしたのは、二・二六事件前の斎藤内閣、岡田内閣のように、重臣を起用した内閣によって軍部を統制していくという、明治憲法体制内での責任政治の継続を考慮していたためであった。

百武侍従長と松平宮相の積極的言動

また、はじめて後継首相奏請にかかわった百武侍従長も、天皇の任免大権を犯す陸軍の行動に激怒し、松平宮相に「自分は侍従長の職をやめても陛下の大権を護《まも》りたい」（『西園寺公と政局』五）と語り、同様の意見をしたためた書簡を西園寺に送っている（高松宮宣仁親王『高松宮日記』二）。

しかし、百武侍従長の感情的な行動は、松平康昌《まつだいらやすまさ》内大臣秘書官長らによって抑えられてしまい、以後、松平や原田は、百武に政治情報を伝えないことにした。百武自身が、「私は政治のこと、軍事のことにはちっとも関係するなということになっておりましたから、知っておっても知らんことにしておった」（岸田一九八六）と回想しているように、以後、政治問題に関与しなくなっていく。「関係するなということになっていた」という百武の言葉が、周囲の側近による百武の政治活動封じ込めの実態をよくあらわしている。

宇垣内閣流産問題の過程で、後継首相奏請への関与を抑制されたのは百武侍従長だけではない。松平宮相にとっても宮相就任後、はじめての内閣交代の機会であったが、奏請にはいっさい関与しなかった。宇垣が組閣強行の方法を模索していた一九三七年（昭和一二）一月二七日、松平は小山完吾の訪問をうけ、後継首相奏請には宮相という立場を考慮して、自発的な参加をひかえており、湯浅と西園寺との会見内容も原田熊雄《はらだくまお》から伝え聞く程度だと語った。

その際、松平は、宮相である自分は自制して奏請過程に関与しないのに、「木戸侯は、進んでこれに与《あずか》り居《お》りし様」（『小山完吾日記』）だと、自分の部下の宗秩寮総裁にすぎない木戸の行動を批判するかのように指摘している。つづけて、陸軍による組閣阻止の動向に「強き反感の意をもらし、今後の推移によりては、自然、宮相としても、その協議に参与するがごときことに立ちいたるやも計られず」（同前）と、百武と同じく、陸軍への強い不満と問題が紛糾した場合には、側近による協議に参加する意欲をみせた。

側近体制の変化

宇垣内閣流産問題への対応を観察すると、天皇側近の体制や輔弼姿勢が、牧野内大臣時代から大きく変化したことに気づく。組閣強行を主張した百武侍従長の行動は、鈴木前侍従長が就任したころの態度とよく似ている。鈴木が侍従長に就任した時、天皇や牧野らが田中義一首相の政治姿勢に不満をつのらせており、鈴木は、当時の河井侍従次長からその経緯や現況を聞きとり、牧野らの輔弼姿勢や考え方にいち早く順応していった。

牧野内大臣、一木宮相、珍田侍従長の側近上層部のラインは、珍田から鈴木へとスムーズに引き継がれ、牧野主導の側近体制が維持された。その後も鈴木は、天皇による田中首相叱責事件やロンドン条約時における加藤軍令部長の帷幄上奏《いあくじようそう》取り下げ問題など、牧野グループの一員として、積極的な政治関与を展開していくのである。

宇垣内閣の組閣強行を主張した百武侍従長の輔弼姿勢も、牧野内大臣時代ならば受けいれられ、内閣成立を支持する西園寺とともに、陸軍の妨害工作に対抗していくことも可能であった。しかし、湯浅内大臣や木戸宗秩寮総裁の考えは、天皇親政を否定し、国家体制の安定を脅かす「不祥事」を回避させるという立憲君主論であったため、天皇の権威にすがる強引な政治関与は否定されたのであった。

宇垣内閣の奏請は、湯浅内大臣、松平宮相、百武侍従長という新体制で迎える初めての後継首相奏請の機会であった。しかし、湯浅は、側近のなかで政治問題に関する相談相手を木戸宗秩寮総裁のみに限定し、西園寺の望まない平沼枢密院議長への意見聴取まで実施した。そのいっぽう、牧野内大臣時代には、非公式な形式であったとはいえ、選定の協議に参加することのあった宮相、侍従長が完全に排除された。その結果、内大臣、宮相、侍従長の側近上層部による政治思想や輔弼姿勢を共有する機会が喪失し、側近間の協力関係を築くことが困難となっていく。

湯浅の輔弼観

二・二六事件後に成立した側近新体制は、広田内閣、宇垣内閣流産問題を通じて、側近としての輔弼姿勢をほぼ確立させていった。側近上層部による政治的協議は開かれなくなり、積極的な政治関与を抑制するようになる。湯浅内大臣がこのような側近体制を整えていった背景には、どのような理由があったのであろうか。まずは、湯浅が宮相時代に経験してきた、激しい側近批判、排撃運動の心理的影響である。ロンドン条約問題以来の側近批判は、一九三〇年代に激しさを増していった。批判の対象は、牧野内大臣や鈴木侍従長、一木宮相ら上層部にとどまらず、宮相就任後の湯浅も、牧野や鈴木ほどでないにしろ、右翼勢力から批判されていた。

湯浅は、軍部や右翼が根拠のない理由で牧野内大臣や鈴木侍従長、一木宮相（のち枢密院議長）の辞任を要求するような排撃運動を経験し、その不条理さを十分に認識していた。一九三六年（昭和一一）九月、神兵隊事件《しんぺいたいじけん》で起訴された被告人の天野辰夫《あまのたつお》が、一九二三年（大正一二）の甘粕事件時に警視総監だった湯浅の対処につき、大杉栄《おおすぎさかえ》に同情的で不適切だったと宣伝すると、湯浅内大臣は、「事の性質上相当気にして居《お》らるる」（『木戸日記』

上）様子だったという。

第二の要因は、木戸幸一《きどこういち》の存在である。木戸は、政治面の輔弼は内大臣が担当すればよく、侍従長や宮相は宮中の仕事をこなせばよいと考えていた。木戸の輔弼論によれば、天皇側近間の政治的協議は必要なく、政治関与も回避すべきものとみなされていた。湯浅内大臣は、遠方にいる西園寺の指示をあおぐより、身近にいる木戸の意見をたよりにし、自身の行動の参考としていた。

第三の要因として、法律に厳格な内務官僚出身らしく、湯浅自身が木戸の輔弼論と同様に、天皇側近の行動について、規定どおりに各自の仕事をこなす「官僚」を求めていたことである。

これらの要因により、湯浅内大臣時代には、天皇側近における政治面での輔弼は内大臣のみが担当し、宮相、侍従長ら、ほかの側近の官僚化がすすんでいく。二・二六事件後の「憲政かファッショか」の岐路において、天皇側近の政治的地位の低下は、軍部による政治支配をいっそう容易ならしめる一因となっていく。

松平宮相の宮廷外交

駐英大使から宮相へ

これまでに、二・二六事件後の側近新体制は、内大臣の湯浅や西園寺と関係の深い木戸が政治面での輔弼を担当し、松平宮相や百武侍従長は、政治問題に関与しなくなっていったと指摘した。しかし、松平は、駐米大使や駐英大使を歴任してきた外務省きっての親英米派の外務官僚であり、英米人との関係も深かった。そのため、松平は、宮相でありながら、皇室を通じた宮廷外交を利用することで、ひそかに外交問題に関与していくのであった。

松平宮相は、駐英大使時代に悪化する日英関係の改善につとめ、英産業連盟（ＦＢＩ）使節団や財政顧問のリース・ロス（Sir Fredrick Leith-Ross）を団長とする使節団の訪日にも尽力していた。そして、二・二六事件がおこる直前、松平は、広田外相や重光葵《しげみつまもる》外務次官から重要な指令をうけた。その指令とは、中国駐在のリース・ロスを再来日させることであり、広田らは、リース・ロスを通じて、日英関係の改善を模索しようとしていた。

松平が駐英大使としてリース・ロス再来日問題に携わっていたさなか、二・二六事件がおこり、松平は宮内大臣に就任する。外交官としての任務は中断せざるを得なくなったものの、イギリス側は、ロバート・クライブ（Sir Robert Clive）駐日英大使を介して、その後の経過を松平に伝えていく。

クライブ英大使による松平宮相への情報提供継続の理由は、松平が前駐英大使であり、リース・ロス再来日問題の担当者だったという点だけではなかった。イギリス政府は、松平の宮相就任について、「松平は駐英大使としてロンドンに戻らず、天皇の外交に関する事実上の助言者である宮相となった」（W. N. Medlicott & Douglas Dakin edited, *Documents on British Foreign Policy 1919–1939*, Second Series, volume 20, No. 474. 以下、DBFPと表記）と評している。イギリス側は、政治関与を禁止されている宮相の職務を誤解していたが、いずれにせよ、松平を天皇の側近として、外交問題に影響をあたえる要職者だとみなし、その政治的役割に期待していたことは確かである。

そのため、クライブ大使は、松平宮相に対し、引き続きリース・ロス再来日問題のほか、日英間の外交問題に関する重要な情報を伝えていくのであった。

松平宮相とクライブ英大使

一九三六年（昭和一一）三月一三日、松平宮相を訪問したクライブ大使は、広田内閣の外交方針やリース・ロス来日の時機につきたずねた。松平は、最近の外交政策につき、対英関係改善のきざしがみられること、また、リース・ロスの来日時機について、二・二六事件後の混乱が収まるまで控えてはどうかと返答した。さらに、松平は、内密に自分の後任の駐英大使として、吉田《よしだ》茂《しげる》が就任するだろうと伝えた（同前）。

松平宮相からクライブ大使への意見をうけ、アンソニー・イーデン（Anthony Eden）英外相は、日本の政治情勢の安定までリース・ロス再来日の延期を決めた（*DBFP* 2-20, No. 478）。松平の意見が、イギリス政府の外交政策に少なからぬ影響を与えたのである。

また、四月七日、松平宮相はクライブ大使を訪ね、日英友好関係の継続のほか、外務省内の「革新派」の存在や外務省首脳のおもな人事異動など、極秘の情報を伝えた。極秘情報を提供されたクライブは、「松平の話から有田《ありた》〔八郎《はちろう》〕外相や彼の後輩たちに関する情報を得た。松平は日本の外交政策形成にあたり、政府と軍部の考えを一致させるべく重要な役割を担っている。松平の目的が日英の協調関係を構築することにあると信じている」（*DBFP* 2-20,No.483）と、松平の政治的役割を重視する意見を本国に打電した。

松平宮相に期待するクライブ駐日大使は、五月一九日にも松平宮相を訪ね、日本軍の関与する華北分離工作や冀東《きとう》政権（日本軍が中国河北省東部につくった傀儡《かいらい》政権）の密輸問題、低関税政策について、これらイギリスの権益を損ねるような行動は、日英関係を悪化させる要因なので、中止するよう指摘した。松平は、クライブからの批判や要請を有田外相へ伝えることを約束した（*DBFP* 2-20, No. 502）。まさに、松平は非公式外交ルートのパイプ役として、政治に関与していたのである。

図14　再来日したリース・ロス（『東京朝日新聞』1936年６月朝刊）

リース・ロスが一九三六年六月に再来日した際、来日を心待ちにしていた松平宮相は、宮中での午餐会にリース・ロス一行やクライブ大使らイギリス大使館員を招待した（*DBFP* 2-20, No. 529）。来日中、リース・ロスは、有田外相や馬場鍈一《ばばえいいち》蔵相など政財界要人と相次いで会談し、華北分離工作の中止や冀東政権の密輸の取り締まりを強く要求したものの、日本側要人から軍部を統制しうる具体的返答を得ることはできなかった（*DBFP* 2-20,

Appendix 1)。

結局、リース・ロスは、日英関係改善の成果を得られないまま離日することになる。離日前、リース・ロスはクライブ大使からの提言をうけ、イギリス側の対中政策をまとめた文書のコピーを松平宮相に提出し、「華北に侵略しないという軍部の意思を示」す、早急な返答を求めてきた（*DBFP* 2-20, No. 529）。

リース・ロスやクライブ大使は、日本の政財界要人との協議が進展しない状況から、松平宮相の政治的役割に期待したのであろう。松平がこの件に関して、どう対応したかは定かではないものの、宮相としての立場から内々に広田首相や外務省首脳へ善処を依頼する程度で、政府から華北工作の中止を約束する言葉を得ることはできなかったと思われる。

基隆事件

一九三六年（昭和一一）から三七年の間に日英関係を緊張させた外交問題として、基隆《きりゆう》事件があった。基隆事件とは、一九三六年一〇月七日、台湾の基隆（キールン）海港において、日本警官がイギリス海軍士官を逮捕、殴打した出来事である。

当初、日本では基隆事件をささいな問題とみなしていたのに対し、イギリスでは日本の中国政策に不信をつのらせていたこともあり、基隆事件を「極東におけるイギリスの地位の保全」「イギリス国民の威信」にかかわる重大な問題ととらえ、簡単に落着させようとしなかった（Kennedy 2002）。そのため、イギリス政府はクライブ大使を通じ、日本政府へ公式謝罪や再発防止の誓約を含む、強硬な解決条件を要求していく。

クライブ大使は、松平宮相にも基隆事件の経過とイギリス政府の要望を伝える。一九三六年一一月二日、クライブが松平を訪ね、「基隆事件は日英関係を損ねる行為であり、日英両国の良好な関係を望む者が失望しているので、事件の円満な解決を期待する」（*DBFP* 2-*20*, No. 593）と語り、有田外相へ伝えるよう要請すると、松平は、これを了承した。

その後も、基隆事件の処理をめぐり、なかなか日英の外交機関の間で納得できる解決をみいだすことができないでいた。いっぽう、クライブ大使から松平宮相への要請が影響したのか、宮中では、宮廷外交を利用した日英関係修復にのりだそうとしていた。

一九三七年二月二三日、英大使館員やカナダ公使館員を招待し、秩父宮雍仁《ちちぶのみややすひと》親王夫妻訪欧の送別午餐会が、天皇列席のもと宮中で開かれた。その政治効果は大きく、杉村陽《すぎむらよう》太郎《たろう》駐伊大使は、吉田茂駐英大使からの伝聞として、「秩父宮殿下の御送別宴に在本邦英大使及加奈陀《カナダ》公使が破格の思召《おぼしめし》を以て御陪食《ごばいしょく》の光栄に浴《よく》したるは英国側の頗《すこぶ》る感謝する所にして我に対する感情著《いちじる》しく好転した」（杉村大使発佐藤大臣宛電『日英外交関係雑纂』松本記録、外務省外交史料館所蔵）と、現地の様子を知らせてきた。

結局、基隆事件の処理は、一九三七年四月、イギリス政府のいう「謝罪の意を含まない

図15　訪英の途中カナダに寄港した秩父宮夫妻写真（『東京朝日新聞』1937年4月14日号外）

遺憾の意を表した」文書を日本側が発表したことで、何とか決着することになった（*DBFP* *2-21*, No. 6）。

事件解決後の五月一一日、駐日大使の任務を終えるクライブを惜別する宮中午餐会が開かれ、天皇や高松宮夫妻も出席した。天皇は食後の挨拶《あいさつ》で、ジョージ六世戴冠式《たいかんしき》に参列するためイギリスを訪問中の秩父宮夫妻に対する歓待への謝意や、日英親善関係の促進について言及した後、基隆事件にふれ、「私は基隆事件が円満に解決されたことをたいへん喜ばしく思う」と語った。クライブは、惜別の挨拶にふさわしくないこの発言に驚き、天皇に、「イギリス政府も事件の解決に満足している」（*DBFP 2-21*, No.80）と返答した。

帰任する外国大使に対する送別会のなかで、天皇が特定の外交問題に言及したのであるから、クライブが驚いたのも当然である。クライブからこの情報を受けとったイギリス政府は、外交問題の解決を評価する天皇発言の真意について、日本の大臣らの言いにくいことを天皇が発言したのは、松平宮相の助言によるものとみていた（同前）。

基隆事件の処理にあたり、宮中での午餐会を利用した宮廷外交は、日英関係の改善にとって大きな援助となった。この宮廷外交に関与した松平宮相も一定の政治的役割をはたしたのである。

松平宮相の政治活動の意義

松平宮相による政治関与は、日英外交機関間の情報伝達の仲介、宮中でのレセプションを利用した政治問題への言及など、日英関係の改善をはかるうえで、一定の成果をあげていた。松平は、天皇や自分の望む政治意思、すなわち、イギリスとの協調という立場にそって、日英両国の外交政策に影響をあたえるべく行動しており、十分な政治的役割をはたしていたといえる。松平が積極的に活動し、宮廷外交という非公式外交ルートのパイプ役として活躍することができた要因として、以下の三点をあげられる。

第一に、松平宮相の情報交換が一部の人々に限定されていたということである。情報をやりとりする相手がきわめて限定されているため、松平は、天皇や外相などごく一部の人々に必要な情報を伝えることでその役割をはたすことができた。しかも、この場合の情報交換の方法は、一対一の密室的な形式をとり、外部に情報がもれる可能性は低かった。

第二の要因として、クライブ駐日英大使の存在があげられる。松平の宮相就任前後からイギリス側の貴重な情報を提供していたのは、クライブであり、松平の政治関与は、自発的行為というより多分にイギリス側からの要請にもとづく行動であった。クライブは、外務省を通じた正規の外交ルートのほかに、松平を介した非公式な外交ルートというチャンネルを利用しようとしていた。

アントニー・ベスト氏は、クライブの性格について、「彼は伝統的なルートにおいて処理された外交政策を欲するか、または全くなにもしないかの慎重な人であった」と評している（Best 2002）。クライブにとって、松平宮相は「伝統的なルート」の構成員として、政治的役割をになうべき人物と認識されていたといえよう。

第三の要因として、日英両国が決定的な対立にいたらない程度の関係を保っていたことも重要である。一九三七年（昭和一二）七月の日中戦争開始により、従来からの中国権益をめぐる日英間の対立に加え、ファシズム的な対外侵略を批判する国際的な流れが英米から生じてくる。すると、国家間の基本的な外交関係が規定されていき、個人の政治活動の機能する範囲は限られていく。そのため、日中戦争以前には、松平の政治活動は活発だったのに、日中戦争後には、活動の余地はかなりせばめられていく。

以上の要因から、宮廷外交の展開やそれにともなう松平宮相の政治関与の機会は、クライブ大使が帰任し、日中戦争が勃発《ぼっぱつ》する一九三七年五月〜七月頃から少なくなっていく。

日中戦争下の側近と軍部への接近

湯浅内大臣時代の側近体制

近衛首相の登場

一九三七年（昭和一二）六月四日に成立した第一次近衛文麿《このえふみまろ》内閣は、国内外に鬱積《うっせき》した諸問題の解決を期待され、国民からも絶大な人気をもって迎えられた。宮中でも、早くから西園寺が期待し、将来に備えて政治的な修養を積ませてきた経緯があった。西園寺にすれば、近衛の奏請《そうせい》は、軍部に対抗しうる最後の切り札ともいえた。

近衛首相は、組閣した日の六月四日の初閣議後、「相剋摩擦《そうこくまさつ》を緩和し、（中略）内閣が適当なリーダーシップをとるべきだと思ふ」（『東京朝日新聞』一九三七年六月五日）と語り、内政、外交ともに行きづまった閉塞《へいそく》状況を打破するため、内閣の主導で解決していくという意気ごみをみせた。ところが、第一次近衛内閣期には、七月七日の盧溝橋《ろこうきょう》事件《じけん》をきっかけに日中戦争が勃発《ぼっぱつ》し、ここから日本は泥沼の戦争へと足を踏みこんでいく。

真崎恩赦問題をめぐる対立

近衛首相は、組閣以前から二・二六事件の反乱幇助罪《ほうじょ》で起訴された真崎《まさき》甚三郎《じんざぶろう》（予備役陸軍大将）をはじめ、これまでのテロ、クーデター事件で起訴された者の恩赦を主張しており、組閣後には、天皇や側近、陸海軍首脳の了解をとりつけるため奔走する。近衛は、天皇の詔書《しょうしょ》公布という恩赦方法により、真崎ら被告の罪を許そうと考慮していた。しかし、天皇をはじめ、西園寺や湯浅内大臣はこれに強く反対し、友人の木戸宗秩《そうちつりょう》寮総裁や原田熊雄《はらだくまお》も消極的であった。

八月九日に近衛首相と会談した木戸は、近衛をあきらめさせる意図から、恩赦を天皇に奏請する場合、公布する詔書と総理大臣告諭を立案、準備したうえ、真崎らの裁判が終了した段階で実行すべきだという、実現には手間のかかる意見を提示した（『木戸日記』上）。

近衛首相は、木戸の提案をうけ、あきらめるどころか積極的に対応し、大赦令の素案や大赦公布にともなう首相談話案を立案した。国立国会図書館憲政資料室所蔵の「近衛文麿文書」のなかに、「大赦令（案）」と「近衛首相謹話」なる文書があり、「大赦令（案）」では、「昭和十二年九月　日」という日付と、内乱罪や反乱罪に問われた者を赦免《しゃめん》すると記されている（「近衛文麿関係文書」R5、国立国会図書館憲政資料室所蔵）。

また、「近衛首相謹話」には、被告らの行動を否定し、恩赦によって二度と天皇を悩ますことがないよう反省すべきだと記されているいっぽう、「憂国の熱情」、「純情の士」という言葉で、過激な行動の背景にある心情に理解を示している（同前）。

しかし、近衛が作成させた「大赦令（案）」や「近衛首相謹話」は、天皇側近にさえ示されることはなかった。近衛自身は、その経緯を以下のように語っている。

> 元老重臣や軍部の動向は右の通り〔恩赦に反対という意味〕だつたゝめ愚図々々《ぐずぐず》つて〔ママ〕いる中に、その年の暮になつて真崎大将無罪の判決があつたゝめこちらも多少熱が冷め、翌年紀元節の憲法発布五十年の祝典に当つて大赦では無く特赦といふことになつたのである（同前）。

近衛首相は、恩赦の最大の目的であった真崎の処遇につき、一九三七年（昭和一二）九月二五日の陸軍軍法会議において、真崎に無罪判決が宣告されたことで「熱が冷め」、大赦令や首相声明を天皇側近に示して協議する必要がなくなったという。その後、近衛は、翌三八年の紀元節における明治憲法発布五〇周年の祝事に合わせ、特赦という形式での恩赦実現に向け、宮中に要請する。天皇や湯浅内大臣らは近衛の執念にあきれたものの、結局、これまでのテロ、クーデター事件に関与した犯罪者に対し、刑罰が大きく軽減される大赦や特赦ではなく、減刑という形で近衛の主張の一部を受け入れて決着させた（『西園寺公と政局』六）。

近衛と湯浅の関係

恩赦問題のほか、近衛首相と湯浅内大臣は、内務省の人事や広田弘殺に総理大臣資格の前官礼遇を認めるか否か、内閣の政治力強化の目的で設置した内閣参議の人選などをめぐって対立し、湯浅は自身の意思を貫徹して、近衛の意見に強硬に反対した（前掲『湯浅倉平』）。あいつぐ湯浅との意見対立に、近衛も「どうも湯浅は話しにくい」（『西園寺公と政局』七）と、周囲に湯浅への不満をもらすようになる。近衛は、秩父宮や高松宮にも湯浅への不平を伝えているほどで、木戸宗秩寮総裁や原田が両者の不仲を憂慮する事態となっていた。

これらの問題をめぐる近衛首相と天皇、湯浅内大臣との対立で、以下の問題点が生じてきた。第一に、近衛がこれまでの歴代首相のように、西園寺や湯浅内大臣ら天皇側近の意思を尊重せず、これを無視し、強引な政治運営をおこなったことである。この点は、一つの政策や人事問題にかぎったことではなく、後述する御前会議の開催も近衛の強い要望で実現していくことになる。そして、政治思想面では、西園寺や側近ののぞむ協調外交を否定していく危険性も持ち合わせていた。

第二に、近衛首相と湯浅内大臣の意見対立により、国務を輔弼《ほひつ》する首相と「常侍輔弼」の内大臣との間の意思疎通がよわくなっていく。牧野内大臣時代には、参内した首相が拝謁の前後に牧野を訪ね、閣内の状況や政治情報を知らせ、牧野はその情報をもとに天皇や牧野グループのメンバーと政治思想を共有していくことができた。

しかし、近衛首相と湯浅内大臣との関係では、天皇と首相、内大臣との連携が不十分となり、湯浅は重要な政治問題について、首相の近衛からではなく、天皇からの自発的な意見伝達にたよらざるを得なくなる。もちろん、湯浅内大臣期にも、情報提供役として、松平秘書官長と原田熊雄がいたものの、広範な政治問題の情報が首相からもたらされないことは、閣内の詳しい状況を直接知る機会を奪われ、天皇に適切な助言をおこなうことが困難となることを意味する。

実際、日中戦争における和平交渉の経過のなかで、天皇が閑院宮参謀総長に和平推進の可能性を下問したという重要な行為について、そのことを知る近衛首相は、政情報告のため参内した後、湯浅内大臣のもとを訪れず、湯浅は陸軍内部の和平論など近衛が奏上した内容を天皇から伝達されるということもあった（同前）。

側近内部の不協和

二・二六事件後の湯浅内大臣を中心とする側近体制では、湯浅と近衛首相との感情対立のほか、側近間の不協和がめだってくる。側近内部で意見を調整するための協議がひらかれなくなったことで、政治思想や輔弼姿勢が共有されにくくなり、湯浅、松平宮相、百武侍従長といった側近上層部に対する実務官僚たちの不満と、上層部の意向を無視した実務官僚の自立的な言動があらわれてくる。つまり、側近上層部で輔弼の方針を決める協議を自制し、各自が宮中の職務に専念するようになると、宮中の行事や儀式などを取りしきる実務官僚との軋轢《あつれき》も生じていくのである。

実務官僚のなかには、天皇側近としての在職歴が湯浅や松平、百武より長い者も多く、二・二六事件後に宮中入りした松平宮相、百武侍従長に対して、「職務に疎《うと》い上司」という意識をもつ者もいた。なかでも、木戸秘書官長とともに牧野内大臣時代の激しい側近批判や二・二六事件の対処に追われた広幡侍従次長や、古くから侍従として天皇の身辺に仕えてきた甘露寺受長《かんろじおさなが》侍従らは、上層部に批判的な反応をしめし、上層部を無視して宮中の職務をこなしていこうとする。

一九三七年（昭和一二）六月七日、松平宮相は原田熊雄に対し、広幡侍従次長が宮内省の職務に干渉してくると不平をもらした（同前）。宮内省の一部局にすぎない侍従職の侍従次長が、宮中事務の責任者である宮相に干渉するような状況となっていた。

松平宮相が原田に語った広幡侍従次長の「干渉」は、その後、松平だけでなく、湯浅内大臣、百武侍従長も憂慮する事態へと進行する。日中戦争が全面戦争化し、国民生活にも影響がおよぶようになってくると、広幡は、戦争という負担を強いられている民衆への配慮や軍部からの批判を恐れ、天皇の私的な日常性を抑制させようとし、趣味である生物学研究の抑制や静養のための葉山行幸の中止を主張していく。

一九三七年末には、天皇の生物学研究に対して、護衛にあたる侍従武官府から不平がでているという情報を聞いた広幡侍従次長が、生物学という自然科学ではなく、論語や漢文などを励行すべきだと、天皇の研究内容について注文をつけ、湯浅内大臣の不興をかった。数日後、湯浅と松平宮相は原田に対して、「広幡侍従次長があんまり世間を気にして困る」（同前）と述べ、松平や中島知久平《なかじまちくへい》鉄相が海中の生物や植物の映像資料などを天皇に献上しようとしたところ、広幡の一喝によって拒否された事実を紹介した。

湯浅内大臣や松平宮相は、戦時中で戦争指導の激務が続くからこそ、天皇には気分転換や趣味の時間が必要であると主張し、臣下の者が誠意をこめて献上しようとした品物を断った広幡侍従次長の行為に、「君徳に瑕《きず》がつく」（同前）と批判した。

また、一九三八年三月にも、松平宮相が原田に対し、自分や百武侍従長が体調を崩した天皇の静養のため葉山行幸《ぎようこう》を検討しているものの、広幡侍従次長が、戦時下という状況から行幸に消極的であると話した。湯浅内大臣にも会った原田は、葉山行幸をめぐる側近内部の意見対立と、広幡、甘露寺侍従が中心となって、天皇の生物学研究にも異議を唱えて反対していると聞かされた（同前）。

原田が、広幡侍従次長と甘露寺侍従に自分から注意することを湯浅内大臣に打診すると、湯浅は、「全然我々に関係なしに更に言つてもらひたい」（同前）と、実務官僚への注意を依頼した。そこで、原田は、甘露寺を呼び、西園寺の意見であると前置きしたうえで、激務に疲労した天皇の静養のための行幸や、趣味の生物学研究を妨げるのは側近として忠誠が足りないと、叱責に近い語調で注意し、広幡へも伝えておくよう忠告した（同前）。原田からの注意が効いたのか、まもなく天皇の葉山行幸が決定される。

実務官僚の上層部批判

さらに、入江相政や大金益次郎《おおがねますじろう》（のち宮内省総務課長に転任）ら若手の侍従も、松平宮相や百武侍従長の職務につき不平をもらすことがあった。入江は、一九三九年（昭和一四）の葉山行幸で侍従がおこした不手際について、百武が広幡以下の侍従職を集めて訓辞を述べたことに、「侍従長が出る幕ではない。下らないことだ。（中略）困つたものだ」（『入江日記』一）と、批判的な感想を日記に書き記している。

松平宮相への不満も同様であり、松平の死後に刊行された追想録には、当時の部下たちによる批判的な記事が寄せられている。大金侍従は、「就任当時の松平さんの評判は余り香《かん》ばしくなかった」と認めており、「なんてコセコセしたことを言う大臣だろう」「大臣は何をしようとして居るのか判らない」（故松平恒雄氏追憶会編『松平恒雄追想録』大金益次郎談）という不平が宮中職員から噴出していたという。さらに、原田熊雄も、「松平は強情で省内外で敵ばかり作っている。とても現在の地位をつづける訳にはいかない」と（同前、武者小路公共談《むしゃのこうじきんとも》)、宮相更迭《こうてつ》を言及するほどの強い口調で批判していた。

実務官僚による上層部への不満は、一九三九年四月に本多猶一郎《ほんだなおいちろう》宮内省総務課長が「宮内大臣に嫌気がさして内務省に逃げ出す」(『入江日記』一)ことを、白根松介《しらねまつすけ》宮内次官へ願いでる事態にまで発展する。

側近内部の感情対立から人材流出という事態を招きかねない状況に、広幡侍従次長は、百武侍従長と松平宮相を訪ね、上司にあたる松平には、本多総務課長を更迭する場合、後任者との関係に配慮するよう説諭した(同前)。結局、本多の異動願の騒動は、白根次官が側近から閣僚に転じた木戸内相を訪ねて内務省転出の可否につき相談したものの(『木戸日記』下)、都合がつかず、五月三日付で総務課長から宮内省参事官に転じ、省内にはとどまることとなった。

側近新体制の問題点

側近上層部に対する実務官僚の批判的言動は、大金侍従のいう「批判的で無責任な放言」(前掲『松平恒雄追想録』大金談)が日常的となる、異常な状態であった。そして、松平宮相の語るように、実務官僚は、宮中職務の統括者である宮相や侍従長に干渉し、自分たちの考える輔弼理念や行動様式をおしつけていた。

側近全体を統括すべき上層部は、協議を重ねて天皇を輔弼する基本方針や行動様式を決定し、侍従次長や宮内次官以下の実務官僚に徹底させなければならなかった。牧野内大臣時代には、このシステムがうまく機能し、牧野、一木宮相、鈴木侍従長の上層部は、河井侍従次長や関屋宮内次官以下の実務官僚をまとめ、側近全体を統率していた。一九三二年（昭和七）の第一次上海《シャンハイ》事変の際には、列強との外交関係悪化への懸念から精神的に疲労していた天皇を支えるため、牧野ら上層部が側近者会議を開いて天皇の不安をとりのぞく方法を研究し、侍従会議でも実務官僚を指導することができた（『河井日記』六）。

いっぽう、湯浅内大臣は、上層部で協議せず、実務官僚への不快感をつのらせるだけで、原田熊雄を介して注意をあたえたにすぎない。牧野のような指導力を発揮しなかったことで、側近上層部は宮中を主導する力不足をあらわにし、上層部と実務官僚との間の不調和を解決できず、相互不信を拡大させてしまった。しかも、上層部と実務官僚との対立点は、天皇の趣味や行幸など宮中職務をめぐる対立であり、日中戦争や三国同盟の処理、軍部への対処法など、政治面での輔弼に関する対立ではなかった。天皇側近の処理事項が宮中職務に限定され、「矮小化《わいしょうか》」している様子がうかがえる。

日中戦争の勃発

第一次近衛内閣期には、その後の日本の運命を決定づける重大な戦争がおこった。一九三七年（昭和一二）七月七日の盧溝橋《ろこうきょう》事件を発端とする日中戦争である。

盧溝橋事件

盧溝橋事件発生前の一九三七年六月、天皇は湯浅内大臣に対し、華北《かほく》での懸案を根本的に解決するため、御前会議《ごぜんかいぎ》を開催して華北政策の基本方針を定めてはどうかと提案したことがあった。湯浅は、御前会議を開催しても十分な効果はのぞめないと、これに否定的で、問題処理は輔弼《ほひつ》を担当する統帥部に下問するよう返答した（『木戸日記』上）。

天皇は、湯浅内大臣の助言にしたがい、杉山元《すぎやまはじめ》陸相と閑院宮参謀総長をよび、ソ連に備えるためにも華北問題について中国と妥協してはと、希望を伝えた。しかし、両者が対ソ戦の準備は万全で、中国と戦争になっても早期に解決できると返答したため、天皇は「近衛に話《はなし》て御前会議でも開いて之《これ》を決しよう」（同前、下）という主張を自制することにした。

満州事変《まんしゅうじへん》以降、天皇は重要な外交問題が発生すると、御前会議招集を主張することがあった。当時の牧野内大臣に天皇の希望が伝えられると、牧野は天皇の意思を尊重して側近者で協議するとともに、首相や主要閣僚に天皇の意思を伝達し、その実現を要請していた。しかし、湯浅は、天皇の主張を近衛首相に知らせず、西園寺に確認するにとどめた。対外問題への対処についても、湯浅は、牧野と異なる行動様式をみせている。

その後、日中戦争勃発《ぼっぱつ》により、戦争指導体制の整備がいそがれる状況下、近衛首相は湯浅内大臣の頭越しに、天皇に対して閣議への出席を求めるようになる。近衛が原田に語ったところでは、「枢密院本会議では、些細《ささい》な議題でも天皇が出席するのに、政治的に重要な議題を決する閣議に天皇が臨席しないのは矛盾している」という意味で、漫談的に天皇に話したという（『西園寺公と政局』六）。

近衛首相が、天皇の閣議出席を提案した理由として、日中戦争後の戦争指導面において、統帥事項に関与できない内閣の実態が明らかとなり、閣議でも杉山陸相から作戦に関する説明がいっさいない状況であった（近衛文麿『失はれし政治』）。近衛は、天皇の閣議出席により、内閣による統帥問題への関与を実現したかったのである。

近衛首相による天皇の閣議出席案は、八月中旬まで進展せずに経過していく。その背景として、天皇をはじめ、政府、陸軍内の石原莞爾《いしはらかんじ》参謀本部作戦部長ら「不拡大派」が戦争の早期解決で一致しており、日中戦争は、華北での地域的紛争として収拾されそうな情勢であった。しかし、八月中旬の第二次上海事変によって華中に戦火が飛び火し、日中全面戦争という局面になると、戦争指導体制の整備、国務と統帥の調整という点から、ふたたび御前会議の招集を求める動きがでてくる。

第二次上海事変

第二次上海事変により、それまで政府の不拡大方針にしたがってきた海軍が態度を硬化させ、米内光政《よないみつまさ》海相は一九三七年（昭和一二）八月一四日の閣議で、広田外相の主張する不拡大方針の継続を批判し、南京《ナンキン》攻略まで主張した（防衛庁防衛研修所戦史部『戦史叢書　大本営海軍部大東亜戦争開戦経緯（一）』）。

また、天皇も戦争の早期解決を望みながら、それまでの外交交渉優先の姿勢から強硬姿勢に転じ、八月一八日に華北か上海のどちらか「一方に主力を注ぎ打撃を与へた上」で中国と和平交渉すべしという意見を両統帥部長へ提案した（同前）。陸海軍統帥部は協議のうえ、同二一日天皇に長期戦への覚悟を奉答した。天皇と政府、統帥部によって不拡大方針、早期解決方針が転換され、日中戦争は全面戦争化、長期戦化する様相となった。

第二次上海事変にいち早く反応したのは、天皇と湯浅内大臣であった。八月一三日、湯浅は原田に対し、上海事変によって時局収拾が困難となったため、以前に近衛が提案した天皇の閣議出席について、天皇も自分から指示するより近衛から申請してもらいたいと希望していると語った。

このさい、湯浅内大臣は、自分自身の立憲君主論にもとづく考えであると同時に、西園寺のもっとも懸念するところでもある、天皇の親裁《しんさい》や政治責任の波及といった問題をさけるため、あえて、「御前会議ではなく閣議に親臨《しんりん》といふこと」（『西園寺公と政局』六）と、会議の形式について付言している。西園寺も、枢密院本会議への出席という形式ならばよいが、天皇が決議に参加し、天皇親裁の形式をとることには絶対に反対だと強く注意した（同前）。

近衛首相も、第二次上海事変を契機に天皇の閣議出席という方法について再考しだし、「これについてはいろいろ議論もあるので、考えている」（同前）と語っている。このほか、近衛は、内閣制度の改革や首相を構成員とする大本営設置なども考慮しており、内閣参議の設置は、この流れのなかに位置づけられる。国家機構の再編をともなう近衛の主張は、それぞれ既得の権力をもつ閣内や軍部からの反発にあい、いずれも大きな成果をあげることはできなかった（加藤一九九三、森二〇〇〇）。

御前会議開催への道

第二次上海事変が激戦化するなか、日中間でドイツを仲介とする和平交渉（トラウトマン工作）がすすめられていた。しかし、その後の交渉過程で、一九三七年（昭和一二）一二月に中国国民政府の首都南京を陥落させた優位な戦況を利用し、日本側は和平条件をより厳しい内容に変更した。そのため、中国の蔣《しょう》介石《かいせき》も動揺し、最終的に、近衛内閣が一九三八年一月一六日に「国民政府を対手《あいて》とせず」という政府声明を発表して、中国との交渉を打ち切ることになる。

この間、一九三七年一一月一〇日、天皇は湯浅内大臣に対し、和平交渉の基本方針を決定するため御前会議を開催すべきであり、近衛首相に相談したいと語った。湯浅は、ことが重大であるため、西園寺の意見を聞いたうえ、近衛と話をすすめるよう返答した。松平秘書官長からこの情報を聞いた原田が木戸文相を訪ねると、木戸は、近衛が天皇に統帥部を抑えるのに苦慮していると不平をもらしたので、近衛が戦争指導に参画できるよう、天皇の配慮で御前会議招集を提唱したのだ（『西園寺公と政局』六）、と内情を伝えた。

また、木戸は、御前会議とは、すでに決められた政策に権威という重みをつけるための手段であり、政府で確固たる政策を決められないなかで会議を開いて、その場でなにかを決定しようとしても不可能だと述べ（『木戸幸一関係文書』）、御前会議の開催に否定的な見解をしめした。

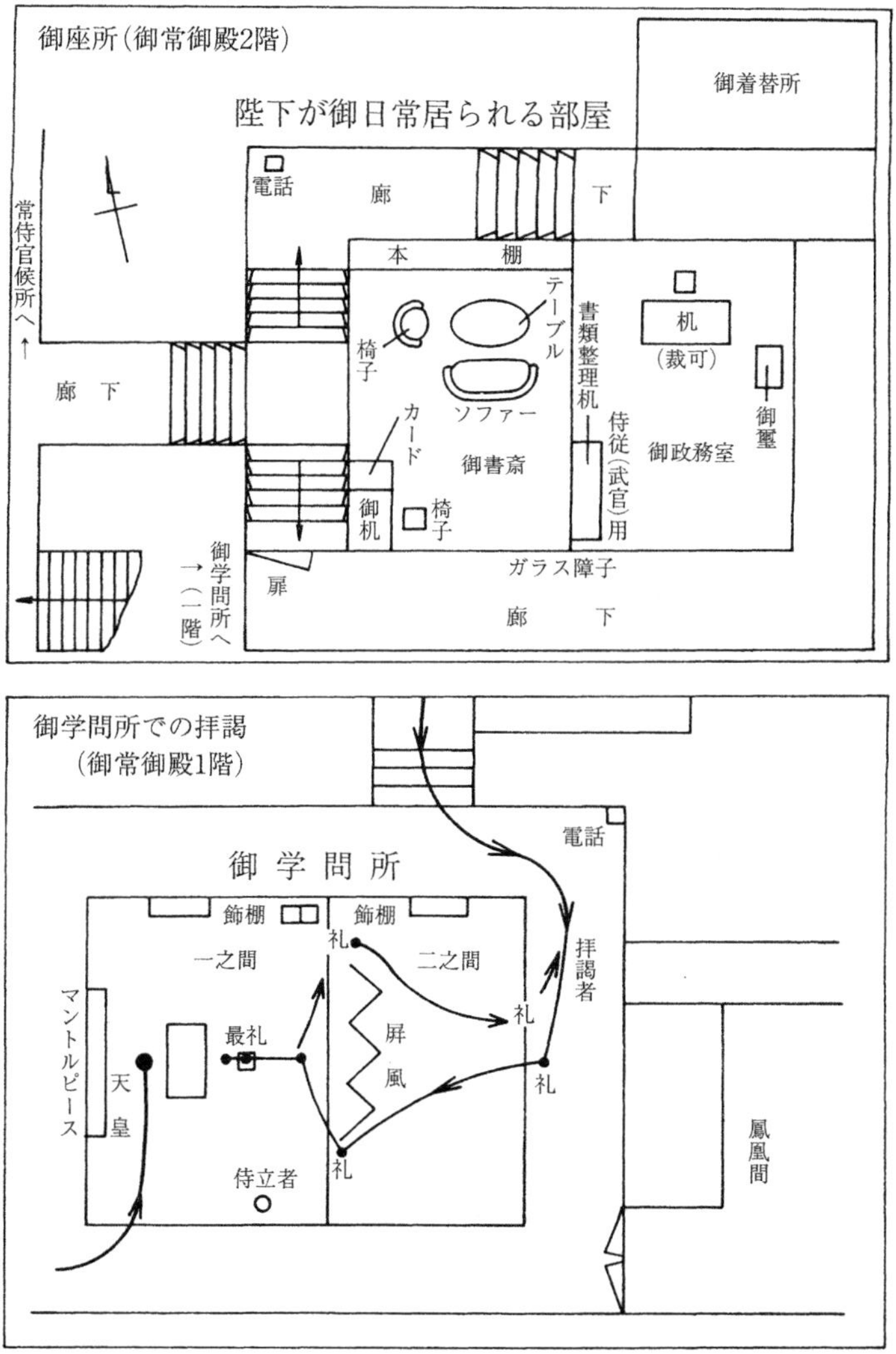

図16　御常御殿の見取図と拝謁の手順図（2階建てで，2階が御政務室と書斎．1階が御学問所．『ある侍従の回想記』岡部長章，朝日ソノラマ，1990年）

木戸の御前会議に対する反対論は、一九三二年の第一次上海事変時に牧野内大臣へ語った論理とまったく同じである。木戸にとっての御前会議とは、「国策決定機関」ではなく、「国策権威化機関」であった。

天皇親裁形式の御前会議に反対という点では西園寺も同じであり、今回も御前会議の決定事項に出先が従わなかった場合に「君権に瑕《きず》がつく」という理由から、枢密院に臨席するような形式ならよいが、天皇がなにか決定をくだすような親裁形式には反対だと語った（同前）。

第一回御前会議の開催

前述したように、トラウトマン工作の経過において、日本側は和平条件を過重させた新たな講和条件を中国側に提示し、一二月二四日の閣議では、国民政府との交渉打ち切りをもりこんだ「支那事変対処要綱」が決定される。閣僚の一部からは、統帥部との一致した国策を決定するための御前会議招集の声があがり、また、陸軍内の「不拡大派」である参謀本部戦争指導班も、「支那事変対処要綱」より多少条件の緩和された交渉案を国策とするため、御前会議招集を提唱していた（堀場一雄『支那事変戦争指導史』）。

御前会議論は、西園寺の憂慮する方向にすすみつつあった。つまり、各政治勢力は、御前会議を利用して自分たちの意見を最高国策にしようと計画していた。御前会議を開催することで特定の政治勢力の政治的地位を高めたり、御前会議での決定事項が守られない場合など、西園寺が懸念していた事態をまねきかねなかった。

そのため、西園寺は、御前会議開催を翌日に控えた一九三八年（昭和一三）一月一〇日、天皇の会議での発言や下問の可否につき意見を求められた際、発言してもよいが、「御勅裁」や「御親裁」は避けるよう回答し、最後まで親裁形式に反対していた（『西園寺公と政局』六）。御前会議における天皇の発言については、近衛首相からの要請もあって発言のない臨席形式となり、翌一一日に、昭和期初の国策決定の御前会議が開催され、「支那事変処理根本方針」を決定した。

参謀本部による再御前会議運動

一九三八年（昭和一三）一月一三日、前年暮れに日本側が新たに提示した講和条件に対し、国民政府から講和条件の再照会を求める返答がもたらされると、「支那事変処理根本方針」にもとづき、交渉打ち切りを求める意見が閣僚や軍部で大勢を占めた。しかし、多田駿《ただはやお》参謀次長や戦争指導班員ら「不拡大派」は、交渉の継続をうったえて、再度の御前会議招集を主張していく（「大本営陸軍参謀部第二課機密作戦日誌」防衛省防衛研究所図書館所蔵）。

一月一五日の閣議と大本営政府連絡会議で、国民政府との和平交渉の打ち切りが決定された。すると、多田参謀次長は戦争指導班員と協議のうえ、近衛首相の上奏より前に閑院

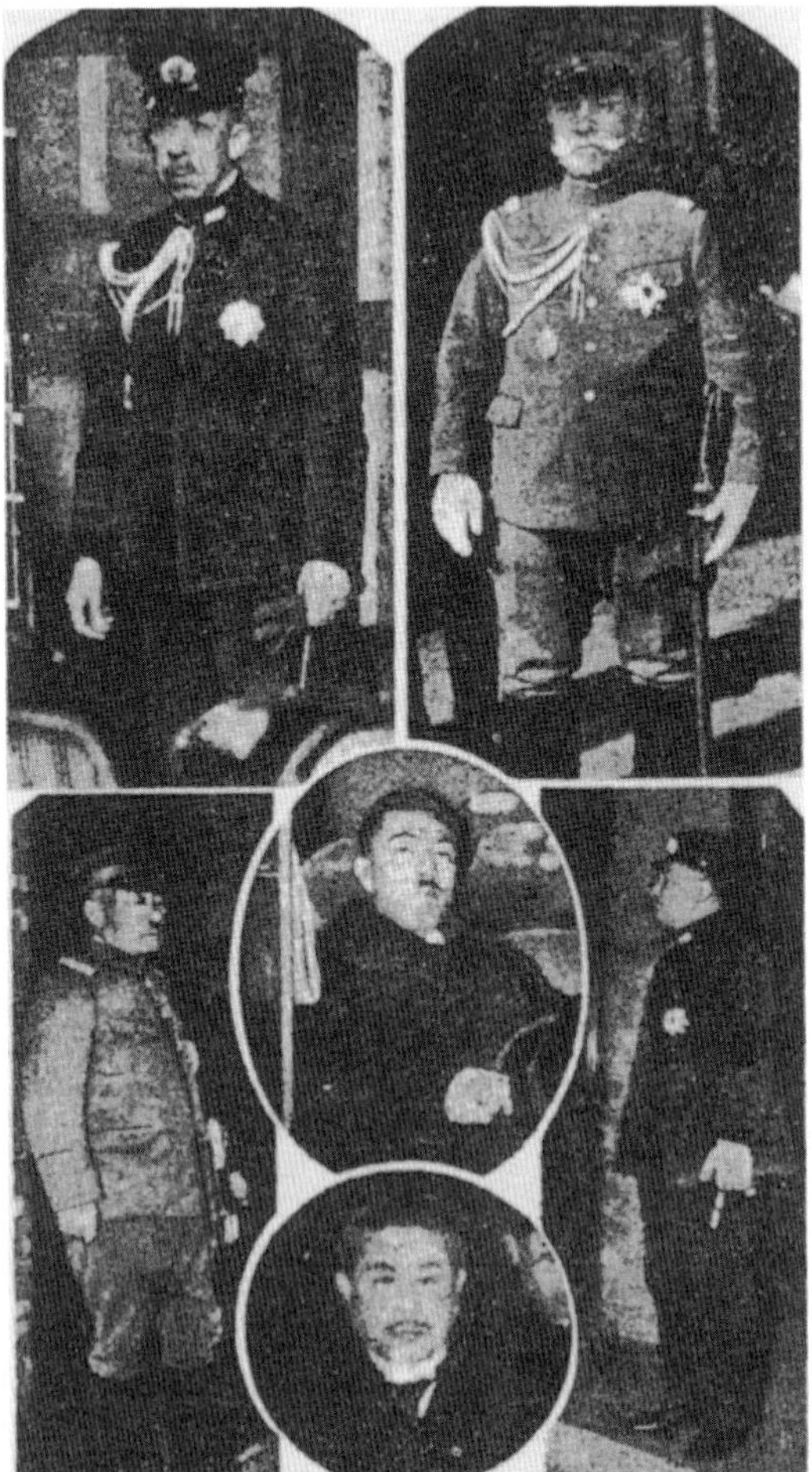

図17　昭和期最初の御前会議開催（右上，閑院宮載仁親王．右下，米内光政．中上，近衛文麿．中下，広田弘毅．左上，伏見宮博恭王．左下，杉山元『東京朝日新聞』1938年1月12日）

宮参謀総長を上奏させ、「再考の勅諚《ちょくじょう》」や再度の「御前会議」招集を奏請しようと画策する（前掲『支那事変戦争指導史』）。しかし、多田らの画策は、天皇から政策決定の転覆工作とみなされ（『西園寺公と政局』六）、閑院宮の上奏は近衛の上奏後にまわされた。しかも、天皇は、陸軍「不拡大派」の期待した「再考の勅諚」や「御前会議」招集にも応じなかった。

天皇が和平交渉継続を主張する陸軍「不拡大派」の要請を却下した背景には、日中戦争をはじめた陸軍への不信、要領をえない閑院宮参謀総長の上奏という理由のほか、西園寺や湯浅内大臣から忠告されていた「親裁」の回避という意思がはたらいていたに違いない。近衛が閣議決定事項を上奏した後で、これをくつがえせば、輔弼責任にあたる内閣の決定を否定してしまうことになるからである。

一九三八年一月一六日の第一次近衛声明により、日本は蔣介石政権に代わり、日本と提携できる新政権樹立をめざすことになった。皮肉にも、天皇が近衛内閣の決定をうけいれたため、戦線は華中から華南へと拡大していく。そして、泥沼化した戦争を打開するためにドイツやイタリアとの提携強化論や東南アジアへの南進論が台頭し、天皇のもっとも憂慮する英米との関係悪化がすすんでいくことになる。

日独防共協定強化問題

防共協定強化問題と側近の対応

いきづまった日中戦争の解決や、米英ソとの外交関係の悪化に対処するため、独伊との提携強化によって状況打開の道をさぐろうとする意見が陸軍からおこり、近衛内閣の五相会議（首・外・陸・海・蔵相）において、ソ連を対象とした防共協定強化をめざすことが決定された。その後、一九三九年（昭和一四）一月の内閣総辞職まで、推進派で英仏も対象国に追加しようとするドイツ案を支持する板垣征四郎《いたがきせいしろう》陸相と、英仏との関係悪化をおそれて対象除外を主張する近衛首相、宇垣（有田）外相、米内海相、池田成彬《いけだしげあき》蔵相が対立し、議論は紛糾した。なお、天皇をはじめ、西園寺、湯浅内大臣ら天皇側近も、英仏を対象とみなすドイツ案に反対していた。

独伊との提携強化の賛否をめぐる外交方針の混乱は、第一次近衛内閣から平沼騏一郎《ひらぬまきいちろう》内閣に移行しても続いた。陸軍は英米を対象とする内容にくわえ、参戦時の武力援助や自動参戦条項をもりこむべきだと主張して、独伊との提携強化を推進させようとした。このような陸軍の姿勢に、天皇や側近は不快感をあらわにしていく。

一九三九年一月一九日の五相会議で、陸軍に配慮して英仏を対象とするも、独伊への武力援助はしないという協定案がまとまった。有田外相は同二二日に天皇に奏上し、独伊と英仏など第三国が参戦した場合にも、「武力的援助は実際に於《おい》て之《これ》を与へさる方針なり」（『西園寺公と政局』七）という意見を天皇に報告した。天皇や側近にとって、有田の報告した内容が独伊との交渉の基本方針として認識されたわけであり、陸軍へのこれ以上の譲歩は許されないと考えられた。

しかし、出先の大島浩《おおしまひろし》駐独大使は、この協定案をドイツ側にしめさず、本国に修正を求めてきた。政府決定にそって外交交渉が進捗しない状況に、天皇と湯浅内大臣は、出先の大島駐独大使、白鳥敏夫《しらとりとしお》駐伊大使や陸軍中堅層が陸相や参謀総長ら上層部をあやつっていると認識し、これは天皇の外交大権を犯す行為であると、厳しく非難した（伊藤隆ほか解説『続・現代史資料四　畑俊六日誌』）。また、天皇と湯浅は、出先大使（陸軍出身の大島）や若手の中堅層を統制できない板垣陸相や中島鉄蔵《なかじまてつぞう》参謀次長、宇佐美興屋《うさみおきいえ》侍従武官長ら陸軍首脳にも不満をつのらせていく（『西園寺公と政局』七）。

陸軍は、防共協定強化に反対する有田外相の背後に天皇と湯浅内大臣ら側近の存在をみてとり、説得工作にのりだす。一九三九年三月、天皇は宇佐美侍従武官長に対し、防共協定強化問題での陸軍の強硬姿勢により、内閣総辞職の可能性があると注意した。すると、宇佐美からこのことを聞いた町尻量基《まちじりかずもと》陸軍省軍務局長が湯浅を訪ね、なんとか内閣総辞職しないように独伊との軍事同盟を締結できないかと要請した（同前）。

また、同三月二二日、影佐禎昭《かげささだあき》陸軍省軍務課長も原田熊雄《はらだくまお》に対し、有田外相が協定案に反対するのは、「重臣層が外相を支持して、本問題の進捗を阻止し居《お》るに非《あら》ずや（中略）何とかなるまじくや」（伊藤隆編『高木惣吉　日記と情報』上）と語り、側近や重臣が反対論の中心であるとみなし、陸軍案での協定成立を迫った。

このころの側近は、内大臣、宮相、侍従長の上層部による政治的協議の機会もなくなり、政治勢力としての機能も低下していた。百武侍従長は完全に「蚊帳《かや》の外」であり、松平宮相の宮廷外交も日中戦争以降、活動がにぶり、上海でのヒュージスン（Sir Knatchbull Hugessen）駐華英大使誤射事件への解決に関与したこともあるが（茶谷二〇〇九）、政治関与の機会は減っていた。

紛糾する防共協定強化問題を進展させるため、一九三八年（昭和一三）三月二二日の五相会議で、出先大使が訓令を執行しない場合の召還や今回の条件で独伊と交渉妥結の見込みがない場合の交渉打ち切りを決定する。この決定を奏上した平沼首相に対し、天皇は、「異例の措置」ともいえる文書での提出を求めたため、平沼以下、五名の大臣の署名した内奏文書を天皇に提出した（大畑一九六三）。

天皇の陸軍不信

三月二二日の五相会議決定の訓令案は、出先の大島、白鳥両大使に伝えられたものの、両者はドイツ、イタリア外務機関との交渉で、英仏への自動参戦を認めるなど、独断で交渉をすすめてしまう。両大使の行動は、明らかに天皇へ提出した内奏書から逸脱した行為であり、本来ならば、内奏書にしたがって独伊との交渉打ち切り、両大使の本国召還を断行せねばならなかった。

しかし、この二つの措置は実行されなかった。有田外相は、四月八日に天皇に拝謁し、交渉経過を奏上したところ、天皇から「両大使の行為は、天皇の大権を無視したものではないか」（『西園寺公と政局』七）と指摘された。有田の奏上を知らない板垣陸相が一一日に拝謁すると、天皇は、両大使の行動は外交大権を犯す行為だと非難し、板垣に対しても、出先大使を支援して閣議を紛糾させていると注意した（同前）。

天皇からの注意もあったため、四月一三日の五相会議では、有田外相や米内海相が独伊との交渉打ち切り、両大使の召還を主張し、板垣陸相も交渉打ち切りとなれば、陸軍内の反発をなんとか抑えようと（「経過日誌」角田順編『現代史資料一〇　日中戦争（三）』所収）、これまでの態度を軟化させた。

しかし、翌一四日の五相会議で、板垣陸相は、またも交渉継続や平沼首相とヒトラーのトップ会談などを提案し（『高木惣吉日記』上）、姿勢を二転させた。一三日には交渉打ち切りに納得していた板垣が、翌日には強硬に反対したということから、この間の陸軍内部の官邸会議で中堅層からの要望をうけ、ふたたび交渉継続論を主張したものと思われる。

防共協定強化問題をめぐり、五相会議で紛糾がつづいても、天皇の姿勢は一貫していた。五月九日に閑院宮参謀総長が参内し、防共協定問題に関する陸軍の主張を上奏した際も、天皇は、これを拒否している（『西園寺公と政局』七）。天皇の姿勢を転換させようと画策していた陸軍であったが、天皇は、断固として自動参戦条項に反対し、陸軍案に反対する有田外相や米内海相を支持して、板垣陸相の主張を転換させるよう指示をあたえていた（『畑俊六日誌』）。

なお、天皇が、閑院宮参謀総長の防共協定強化問題に関する上奏を拒否したことにつき、湯浅内大臣は、天皇が自分に許可なく統帥権や外交大権を行使されることに非常に敏感であると語っている（『西園寺公と政局』七）。板垣陸相への同様の注意からもわかるように、即位以来、天皇の大権意識は強く、輔弼《ほひつ》者による勝手な大権行使には厳しい目をむけてきた。日中戦争以降も、天皇は輔弼者の施政に一任していたわけではなく、天皇大権にかかわる事柄にはとくに注文をつけ、適切な処理を求めていた。

天皇は、防共協定強化問題に限らず、一九三九年五月から八月の平沼内閣総辞職までの期間において、天津租界《テンシンそかい》封鎖事件と日英会談、ノモンハン事件、ナチス党大会への寺内寿一《てらうちひさいち》陸相の派遣問題など、自身の信条とする協調外交路線に反する陸軍の行動全般について、不信感をいだいていた。また、一九三九年七月二六日にアメリカから日米通商航海条約の破棄を通告され、アメリカとの関係悪化も避けられなくなったことは、天皇や側近にとって、無視できない重要問題とうつった。

そのため、天皇や湯浅内大臣の陸軍批判は痛烈となり、七月五日、天皇は板垣陸相に対し、陸軍内部の下剋上《げこくじょう》風潮や幼年学校からの軍事教育の偏重、板垣陸相の能力にまで言及しながら詰問した（『畑俊六日誌』）。天皇の板垣叱責につき、同じく湯浅も「陸軍は乱脈でもうとても駄目《だめ》だ」「国を滅ぼすものは陸軍ぢやないか」と憤慨している（『西園寺公と政局』八）。

防共協定強化問題をめぐる問題点

防共協定強化問題をめぐる問題点として、まず、天皇への内奏書提出や天皇による板垣陸相、閑院宮参謀総長への注意にもかかわらず、結果的に内閣の方針にしたがおうとしない陸軍を抑えこむことができなかったことがあげられる。

天皇大権の適切な処理をもとめる天皇と湯浅内大臣は、大島、白鳥両出先大使の言動について、外交大権を犯す行為だと非難しており、内奏書によれば二人の本国召還は免れなかった。しかし、天皇や湯浅が両大使の召還を訴えても、召還は実現しなかった。また、天皇の陸軍首脳への注意についても、板垣陸相は自分の誤りを認めて姿勢を変えようとはせず、逆に天皇の姿勢を転換させようと画策していた（同前）。天皇の政治意思や権威が陸軍内で軽視されていたことがうかがえる。

一九三九年（昭和一四）八月八日の五相会議において、板垣陸相が陸軍の希望として、ドイツ案の無留保の受諾を提議すると、ほかの四人の大臣は反対し、防共協定強化問題は完全にいきづまった。天皇は、平沼首相に対し、陸軍が統帥権を盾に外交に介入するならば「自分が裁いてやるから、何でも自分の所に言って来い」と伝えていた。陸軍案が拒否されれば辞職するとまでほのめかす板垣陸相に、陸軍への不信をつのらせていた天皇は、「大元帥」として厳命をくだすつもりであった。平沼は、天皇を政争に巻き込ませるわけにはいかないと、慎重に対応し、天皇に最終的な決断をあおぐことはなかった。
陸軍が統帥権を利用して国務（政治）を混乱させる状況に、天皇は、親裁《しんさい》による解決をめざした。西園寺の反対する国務面での親裁ではなく、統帥面からの注意という方法ではあったが、天皇が日中戦争以降も天皇親政を志向していたことや、一九三八年に国策決定の御前会議が設置されたにもかかわらず、依然として、国家意思の調整が困難であるということをうきぼりにした。

問題点の第二は、英仏を対象とする自動参戦条項に反対していた天皇や側近、有田外相、米内海相など「親英米派」の外交政策が、相手側の英米仏など列強の納得できる政策であったかどうかという点である。結論をいえば、「親英米派」が描いていた外交政策でも、英米との関係改善にまではいたらない可能性が高かったといえる。

「親英米派」は、第一次近衛内閣の表明した「東亜新秩序声明」にみられる「日満支ブロック」の建設という外交政策を、基本的に支持していた。もし、英米が日本の対中膨張を受容できない場合、「親英米派」のめざす協調外交は、英米と妥協できる範囲まで中国での利権を制限できるのかという、非常に難しい問題に直面することとなる。

天皇や西園寺、湯浅内大臣は、この点について、中国における日本の権益を多少犠牲にしてでも、英米との妥協をはかるべきという外交政策を求めていた（『畑俊六日誌』、『西園寺公と政局』七）。しかし、西園寺や湯浅内大臣は、協調外交の維持を主張しながら、国務と統帥の調整や陸軍を統制する方法として、責任政治による解決をもとめ、天皇親政路線をとることに依然として反対していた。

西園寺は、責任政治による立憲君主制を補強するため、後述する側近強化策を考案したものの、湯浅内大臣や木戸の反対で実現せず、軍部の政治介入を慨嘆するのみであった（『西園寺公と政局』七）。湯浅も、一九三八年九月に、秩父宮が天皇に進言した参謀本部内部の日中戦争早期和平の提案について、天皇とともに、国務に関する事項なので皇族の言葉で動くのはよくないという論理から、これを拒否していた（『高木惣吉日記』上）。

天皇と側近による陸軍への対応は、天皇の板垣陸相への注意や、湯浅内大臣による出先大使召還、交渉打ち切りの主張など、輔弼者への注意という点では、西園寺流の立憲君主論にそった行動であったといえる。国務大臣に対する天皇の下問と天皇に対する国務大臣の内奏により、君主と輔弼機関が政策を形成し、天皇の政治責任を回避させるという責任政治は、西園寺の理想とする立憲君主制であった。

しかし、西園寺の責任政治は、軍部にまで一定の統制力を発揮できた政党内閣制時代にはうまく機能していたが、軍部の政治介入がふかまる二・二六事件後には、機能不全に近い状態におちいっていく。若手の陸軍中堅層が陸軍内部を支配し、輔弼者である板垣陸相や閑院宮参謀総長をコントロールして政策決定過程に介入してくると、責任政治では対応できなくなってくるのである。

結局、防共協定強化問題は、国内でのいきづまり状況のなか、一九三九年八月二三日の独ソ不可侵条約締結をうけ、平沼内閣が防共協定強化の交渉打ち切りを決定し、同二八日に内閣総辞職して解決する。

木戸内大臣の就任と三国同盟締結

西園寺の側近強化案

一九三九年（昭和一四）八月の平沼内閣総辞職後、同内閣で内相をつとめた木戸は、高《たか》木《ぎ》惣吉《そうきち》海軍省調査課長と会見し、日中戦争以降の戦争指導や防共協定強化問題を例にあげながら、国策確立の必要性、国務と統帥の調和などを説いた。さらに、木戸は、日本の対外膨張にとって、「英国の勢力を駆逐せざるべからざること明白なり」（『高木惣吉日記』上）と述べ、アジア地域での勢力拡大と、この地域に権益をもつイギリス排除の必要を語った。

アジアにおける日本の権益を抑制してでも、英米との関係改善を模索すべきと主張する西園寺や湯浅内大臣など「親英米派」と、日本の権益拡大のためにイギリスを「駆逐」すべきだと主張する木戸の政治的立場は、明らかに対立する位置にあった。

第一次近衛内閣や平沼内閣の施政をみて、西園寺は、これまでの責任政治では陸軍を統制し、協調外交を維持することの困難をさとり、側近強化という補強策を講じようとする。とくに、側近の要《かなめ》である内大臣に、現職の湯浅倉平《ゆあさくらへい》に代わる人物をすえようとした。そして、西園寺の想定する後任者として、木戸と近衛の名前はなかったのである。一九三九年二月、西園寺は、側近強化案とその人選について、次のように語った。

どうしても陛下の側にもう少し柱になる人がゐなければならん。内大臣〔湯浅〕も実に立派な正しい人には違ひないが、いかにも気宇《きう》が小さいやうに思はれる。だからやつぱりどうだらう、池田成彬《いけだしげあき》氏でもなんとか一緒になつて、相談相手になるやうな形のことは考へられないだらうか。陛下が或は大元帥として、或は統治の主体として強く意思を主張されるやうな場合には、やはり側に強い柱がないといかん。或はお直《じき》の宮さんあたりも一つの考だけれども（『西園寺公と政局』七）。

西園寺は、湯浅内大臣を「立派な正しい人」と、清廉潔白な人格を評価しながらも、天皇の側近として「気宇（心がまえ）が小さい」と、政治力をあまり評価していない。西園寺は、湯浅に代えて、前蔵相の池田成彬や直宮（秩父宮、高松宮）の起用を提案した。西園寺の内大臣更迭《こうてつ》論の背景には、「内政も外交もわからない」（同前）ほど混乱した政局を打開するため、天皇と政府との仲介役として強い政治信念をもち、政治的力量にも長じた人物が必要だとの認識があった。

西園寺の理想とする天皇側近の政治的役割とは、牧野内大臣時代のように、天皇と国務大臣との仲介役として側近が協力しあい、天皇には適切な政治思想を助言し、国務大臣とは連絡を緊密にして、天皇の政治意思を伝達することであった。田中首相叱責事件であらわれた牧野グループによる行動は、西園寺の納得できない非常行為にうつったものの、側近が天皇に対して政治的な助言をし、天皇と政治思想を共有することは、重要な輔弼《ほひつ》任務だと認識していた。よって、西園寺は、牧野が摂政時代から天皇に対して政治的な言上をつづけていたことにつき、側近として当然の勤めだとみなしていた。

しかし、二・二六事件後の側近体制では、湯浅内大臣のみが政治面での輔弼にあたり、西園寺の理想とする内大臣、宮相、侍従長の「三位一体《さんみいったい》」の協調関係はきずけなかった。政治力を低下させた側近体制では、天皇と輔弼者の仲介という役割も十分に果たせなかったのである。

また、西園寺が次代の側近候補として期待してきた木戸と近衛は、軍部との妥協路線を志向していくことで、西園寺の期待を裏切った。西園寺は、木戸や近衛を「排除」した側近体制を模索せざるをえなくなった。

今回の内大臣更迭案として、池田成彬や直宮の後任人事を考慮していることからも、西園寺の苦慮がうかがえる。西園寺は原敬《はらたかし》、浜口雄幸《はまぐちおさち》、犬養毅《いぬかいつよし》ら信頼する人材のいなくなった状況を嘆いており（前掲『湯浅倉平』）、一九三〇年代後半になると、穏健かつ強力な政治信念を持ち、天皇側近の大任に耐えうる者を探すことさえ困難な状況であった。

今回の西園寺による「苦肉の策」ともいえる側近強化案に対し、近衛、木戸、湯浅内大臣、松平秘書官長らは、時期が適当でない、特定の政治勢力の政治力増大への懸念などを理由に反対したため（『西園寺公と政局』七）、その措置がとられることはなかった。

図18　木戸幸一

木戸内大臣の就任

西園寺の内大臣更迭案はみおくられたものの、一九四〇年（昭和一五）四月には湯浅内大臣の健康悪化が伝えられ、後任選考が本格化する。当初より、後任の一番手として木戸幸一《きどこういち》の名前があがっており、原田や近衛、松平秘書官長ら木戸と同年代の者に加え、米内首相、岡田啓介らの重臣も木戸の内大臣後任に賛成し、湯浅も自分の後任として木戸をすえることに異存はなかった（『西園寺公と政局』八）。

しかし、西園寺だけは、内大臣の人事問題を最重要視しながら、原田から後任に関する意見を求められても返答せず、天皇からの下問を受けても奉答拒否を貫き、木戸の後任案を最後まで認めなかった。西園寺の意中の人物とは、一木喜徳郎《いちききとくろう》と岡田啓介であり、天皇が木戸後任を裁可した後に、ようやくそれで満足だと語った（同前）。この経緯について、西園寺は、後任選考過程が無責任だったので、側近を困らせるために奉答を拒否したと説明しているものの、一木や岡田を推薦していることから、木戸の後任案に反対であったと思われる。

このころの木戸の政治思想は、西園寺の許容できる範囲をこえるまでに右傾化しており、また、後継首相奏請方式において、元老の排除と内大臣中心方式への転換を取り決めたのも木戸であった。皇室の安泰を脅かしかねない人物を内大臣にすえることは、西園寺の忌避する方針であり、木戸後任案は西園寺の納得できる人事ではなかった。

一九四〇年六月一日、西園寺の認可がえられぬまま、木戸は内大臣に就任した。内大臣就任後の木戸は、湯浅と異なり、「常侍輔弼《じょうじほひつ》」の大任をはたすため閣僚や政府関係者など国務担当者だけでなく、蓮沼蕃《はすぬましげる》侍従武官長をはじめとする統帥部関係者にも接近し、必要な情報の提供を求めていた。海軍の情報によれば、木戸と蓮沼との関係は、「蓮沼は木戸内府のところに入りびたりの有様《ありさま》にて海軍はつんぼ桟敷《さじき》となれり」(『高木惣吉日記』上)というほど、親密になっていく。

また、九月一〇日には、木戸内大臣の内意をうけた松平秘書官長が海軍の高木惣吉を訪ね、①国策や政務関係事項は内奏前後に海相から内大臣へ伝達すべきこと、これは海相が望まなくても内大臣より申しでることがある、②陸海統帥部から天皇への上奏内容が異なれば、天皇が判断に困るので、事前に内大臣が意見調整しておく、③陸海軍が協調できるようにしたい、などの意見を伝えた(同前)。

木戸は、近衛が第一次内閣時に大本営への首相参加を企図しながら、軍部側の反発にあって実現できなかった国務と統帥の調整について、「常侍輔弼」という内大臣の職務にもとづき、明治憲法体制の枠内で取りくもうとしていたのである。

第二次近衛内閣の奏請と三国同盟締結

一九四〇年(昭和一五)七月一二日、米内内閣総辞職をうけ、木戸内大臣を中心に重臣が集り、後継首相の奏請協議にはいった。協議において、近衛文麿を推薦することに決し、西園寺の確認をもとめた。ところが、西園寺は、「今頃、人気で政治をやらうなんて、そんな時代遅れな考ぢやあ駄目《だめ》だね(中略)この奉答だけは御免蒙《ごめんこうむ》りたい」(『西園寺公と政局』八)と述べ、近衛の奏請に承認をあたえなかった。木戸の内大臣就任過程でもみられたように、西園寺は、近衛の首相推薦に納得しなかった。西園寺は、近衛の政治力について、第一次内閣の施政で幻滅しており、今後の難局に立ち向かえる器量はないと判断していたのである。

木戸内大臣は、西園寺の承認がないにもかかわらず、近衛の奏請を断行した。同日、第二次近衛内閣が成立すると、近衛は、一九四〇年九月に日独伊三国軍事同盟締結や北部仏印進駐といった軍部ののぞむ政策を実行し、時局は西園寺の憂慮したような方向へながれていく。

なお、三国同盟締結にあたり、木戸内大臣は、外交交渉の経緯や閣議、御前会議の様子など、西園寺や原田を無視してほとんど報告しなかった。西園寺は、元老として政府の外交政策に公然と干渉することはなかったものの、重要な外交問題について、必ず政府から報告をうけ、ときに自身の外交論を伝えることで間接的な影響力を保持してきた。

しかし、木戸内大臣は、西園寺の独伊提携反対論を考慮してか、西園寺への政情報告を怠った。元老に対する最低限の責務を放棄したと感じた原田は、高松宮に対し、「三国同盟の出来ることについては、元老は寝耳に水でありました」（同前）と、近衛首相と木戸の対応を批判した。

木戸自身は、西園寺を無視した三国同盟締結の過程について、「西園寺さんに連絡する暇《ひま》もない」「西園寺はだからつんぼ桟敷に置かれ（中略）はなはだ怒って」（『木戸幸一政治談話速記録』下）いたと回想している。近衛と木戸による西園寺「排除」は、後継首相奏請方式における実質的な元老排除から、政策決定過程への関与の阻止へと拡大していった。

西園寺と木戸

ここで、西園寺と木戸内大臣の間における立憲君主制への理解をめぐる相違点を確認しておく。両者とも、なるべく責任政治を維持し、天皇親政を抑制しようとしていたところは共通であった。ただ、西園寺と木戸の立憲君主論の違いは、木戸が天皇の政治意思の表明を含む、いっさいの政治関与を否定していたのに対し、西園寺の場合は、宇垣内閣の組閣強行を考慮していた点からもうかがえるように、内外の危機に瀕《ひん》した状態での、天皇の政治意思に期待する部分が存在していた。

つまり、西園寺の場合、政治の非常時においては、協調外交維持や政治体制のファシズム化を阻止するため、輔弼《ほひつ》者が天皇の意思を考慮した内奏や副署《ふくしょ》〔輔弼者が天皇の署名にそえて署名すること〕という行動をとることを求めていたのである。これは、あくまで、責任政治による立憲君主制の範囲内での適用であり、天皇や牧野が志向した天皇親政ではなかった。ここが、西園寺流の立憲君主論の難しいところであり、英米協調外交を共有する牧野の立憲君主論とは、天皇親裁の是非をめぐって対立し、天皇親裁反対を共有する木戸とは、外交政策や軍部への姿勢をめぐって対立していたのである。

原田熊雄の側近批判

近衛首相や木戸内大臣による元老排除、三国同盟締結などの措置に落胆した原田熊雄は、高齢化とともに政治的影響力を低下させた西園寺のほか、海軍「穏健派」や皇族の高松宮、東久邇宮など、英米協調路線を主張し、ファシズム勢力に対抗できる者に接近していく。

近衛内閣により三国同盟が閣議決定された一九四〇年（昭和一五）九月、原田は豊田貞次郎《とよだていじろう》海軍次官に対し、近衛は「言うことは聡明だが弱い」、木戸は「時流は解《わか》るも大勢は解らない」と、三国同盟を受けいれた両者を厳しく批判した。さらに、今後の政局について、西園寺も高齢で「稍《やや》『アキラメ』て居《お》らるる」様子なので、天皇のためにも、「唯一の頼りになれる海軍が能《よ》く深く現在迄の経緯を稽《かんが》へ将来の帰趨《きすう》を研究せられて善処せられんことを希望す」（『高木惣吉日記』上）と、元老重臣に代わり、海軍が国家の方向性を誤らせないよう尽力すべきだと語った。

また、原田は、同年一〇月、高松宮に対し、西園寺の理想とする側近論を引用しながら、木戸内大臣を中心とする側近体制の改革を提言している。西園寺の側近論では、宮相、内大臣、侍従長の「三位一体の形で輔弼の任に当たらなければならない」のに、「現在では、まるでこの三人がみんな三すくみみたいな状態であつて、これではまことに陛下にお気の毒だ」（『西園寺公と政局』八）という西園寺の意見を伝え、側近を固めていく必要性を述べた。

さらに、原田は一一月五日にも高松宮を再訪して、三国同盟締結過程における木戸の対応や現在の側近上層の輔弼姿勢を批判し(同前)、「宮内大臣、侍従長、内大臣の適任者につき心当りなきや」(『高松宮日記』三)と、側近上層の更迭につき意見を求めた。

国家の危機ともいえる重大な時期に、西園寺は「アキラメ」た様子であり、百武侍従長は頼りにならず、松平宮相も立場上、政治問題に関与できない、重臣らもあてにならないとなると、原田が期待できる政治勢力は、海軍「穏健派」や高松宮や東久邇宮など一部の皇族しかなかった。原田が豊田海軍次官と高松宮に、木戸、近衛の批判や側近更迭を伝えたのは、西園寺以後の国家指導体制をみすえた洞察から導きだされた結論であった。

破滅への道

宮中・府中を支配した近衛首相と木戸内大臣は、一九四〇年(昭和一五)九月に三国同盟締結と、戦略物資獲得を目的とする北部仏印への進駐を実施した。

大正期以来、元老西園寺や牧野、一木、鈴木、関屋、河井、湯浅、松平恒雄、原田らの側近が、テロの標的となり、実際に襲撃されながら身をけずって死守してきた列強との協調という政治路線を、木戸と近衛は、わずか数ヵ月で完全に放棄してしまった。

病床に臥《ふ》していた西園寺は、最後まで三国同盟や英米との関係悪化を憂慮しながら

(『西園寺公と政局』八)、一九四〇年一一月二四日、九二歳の生涯をとじる。最後の元老である西園寺の死後、木戸と近衛は、軍部とともにアジア太平洋戦争への道を歩んでいく。

アジア太平洋戦争期における天皇側近

東条内閣成立から太平洋戦争へ

東条内閣の成立

日米交渉が行きづまるなか、日本側では、戦争を回避するため外交交渉の継続を望む近衛首相と、アメリカ側の提示する中国からの日本軍撤兵という条件に反対する陸軍との間で意見対立がおこっていた。結局、第三次近衛内閣は、戦争か外交交渉かの重大問題を処理しきれず、一九四一年（昭和一六）一〇月一八日に総辞職する。その後の後継首相奏請《そうせい》会議において、木戸内大臣の主導のもと、近衛内閣の陸相を務めていた東条英機《とうじようひでき》が首相として奏請されることになった。東条の推薦については、重臣のなかに慎重論があったにもかかわらず、木戸が慎重論を押しきる形で合意にいたった。

木戸内大臣が東条を奏請した理由とは、日米開戦と敗戦という最悪の事態まで想定し、後継首相候補として陸軍が要望していた皇族の東久邇宮内閣で万一の事態となった場合、「皇室は国民の怨府《えんぷ》〔うらみの集まるところ〕となるの虞《おそ》れ」（『木戸日記』下）があり、天皇制という国家体制の崩壊を懸念したためであった。さらに、木戸は、次期内閣でも引き続き対米問題を検討する場合、従来の交渉経緯を熟知した者で、なおかつ、開戦、戦争回避のいずれの選択をとった場合でも予想される国内の不穏状況を抑えうる人物として、近衛内閣の東条陸相を後継首相に選んだのであった（同前）。

木戸内大臣の主導により、東条内閣は一九四一年一〇月一八日に成立した。東条首相は、組閣後、組閣拝命時における天皇の言葉もあって開戦の可否を再検討したものの、結局、アメリカから最後通牒をうけ、開戦を決定する。

開戦への側近の反応

側近の前任者たちも日米開戦を心配し、なかには、輔弼にあたる木戸内大臣を批判する声も聞かれた。鈴木前侍従長は、対英米戦の準備を決定した一九四一年（昭和一六）九月六日の御前会議後、「この点木戸君の考えは禍《か》根《こん》なり」「大過誤」（前掲『鈴木貫太郎伝』）と評している。鈴木は、アメリカとの戦争を不可避な状況に追いこんでしまった国策の決定につき、天皇に助言する地位にある木戸の責任が重大であったとみなしていた。

なお、開戦に対する側近の反応はそれぞれであった。駐英、駐米大使を長く勤めた外交官出身の松平宮相は、開戦について、「日本には国難が来たね」（前掲『松平恒雄追想録』大金益次郎談）と語り、以後も一貫して英米との関係を憂慮していた。松平のもとには、外務省より英米側の情報がもたらされていたようで（同前、大金談、白根松介談）、側近のなかでは、比較的戦時中の国際情勢に通じていたといえる。

ただし、松平宮相のように正確な国際情勢を把握し、不安の心情を抱いた側近は少数であった。木戸内大臣以外の大多数の側近は、戦争に関する情報源を新聞にたよる状況で（岡部長章『ある侍従の回想記』）、戦況への反応も、日本の勝利に酔う一般民衆と同じ姿をみせていた。入江侍従は、真珠湾攻撃やマレー沖海戦の戦果に、「何と嬉《うれ》しいことか」（『入江日記』一二）と歓喜し、侍従武官府へ行き各武官と握手している。その後も、入江は、緒戦での戦果について、当直の侍従と喜びを分かちあっている。

木戸の情報収集

一九四一年（昭和一六）一二月の対英米開戦後、天皇を「常侍輔弼」する木戸内大臣の職務はいっそう忙しくなった。もともと、内大臣は国務に関する輔弼を任務としていたが、内大臣就任後の木戸は、統帥面に関する情報の把握にもつとめ、統帥面での側近である蓮沼侍従武官長やほかの侍従武官から積極的に情報を収集していた。また、木戸は、国務大臣の天皇への拝謁について、それまで拝謁を調整していた侍従職の庶務課長にかわり、内大臣である自分の了解事項とし、拝謁後にも、侍従を通じて各大臣に内大臣と会見していく意思がないか確認するよう厳達していたという（前掲『ある侍従の回想記』）。

統帥部との関係についても、内大臣が統帥面での情報収集を呼びかける前例はなく、牧野伸顕や湯浅倉平は、天皇から直接、情報を提供されるか、不定期な侍従武官長との会談で最低限の軍事情報を提示されるかという場合でしか、統帥面の情報にふれることはなかった。まして、木戸のように、みずからが統帥機関に情報を要求したり、反対に、統帥側へ国務に関する情報を伝えることはなかった。

アジア太平洋戦争の勃発後、木戸内大臣と蓮沼侍従武官長の協議や意見交換は頻繁となり、とくに、木戸が蓮沼から各地の戦況を聴取することが多かった。木戸内大臣の情報精通ぶりをもっともよく示す事例は、一九四一年一二月八日の真珠湾奇襲攻撃を事前に知っていたことである。『木戸幸一日記』の同日条には、「今暁《こんぎょう》既に海軍の航空隊は大挙布哇《ハワイ》を空襲せるなり。之《これ》を知る余は其《そ》の成否の程も気づかはれ」（『木戸日記』下）と記されている。木戸は、真珠湾への奇襲攻撃につき、ある程度の情報を知っていたのである。

アジア太平洋戦争における戦局転換の契機となったといわれる一九四二年六月のミッドウェー海戦についても、国民向けには大本営発表の戦果が報道され、損害の真相は隠蔽《いんぺい》されていたものの、木戸は、蓮沼侍従武官長や鮫島具重《さめじまともしげ》侍従武官、そして、天皇からミッドウェー海戦における日本海軍の大損害につき、正確な情報を得ていた。

また、一九四三年四月一八日、山本五十六《やまもといそろく》聯合艦隊司令長官が前線視察のために、南太平洋のブーゲンビル島上空を飛行中、米軍戦闘機により撃墜され戦死した情報について、国民への公表が控えられるなか、木戸は、翌一九日に天皇から直接知らされ、「驚愕《きょうがく》す。痛嘆の至《いた》りなり」（同前）と、感想を記している。

そのほか、アジア太平洋戦争期の『木戸幸一日記』をみていくと、ビルマ方面の戦況、ガダルカナル島奪還作戦の失敗、ニューギニア方面での戦況、同盟国である独伊の戦況状況など、さまざまな戦地での詳細な戦況が、蓮沼侍従武官長や侍従武官を通じて木戸に伝えられていたことがわかる。

木戸内大臣のもとには、真珠湾攻撃やミッドウェー海戦の損害など、国民は当然ながら、政治家や大臣でも知りえないような、統帥に関する正確な情報が伝わっていたのである。

戦時中の天皇側近の宮中職務

アジア太平洋戦争中における側近体制について、木戸内大臣が国務面での輔弼機能をほぼ一人で担当していた。では、戦時中、木戸以外の側近は、どのような職務に従事していたのであろうか。政治に関する事柄は木戸の「専権」となっていたため、松平宮相、百武侍従長の上層部や、甘露寺侍従次長、広幡皇后宮大夫《こうごうぐうだいぶ》以下の実務官僚は、木戸から要請されないかぎり、政治に介入することはほとんどなかったといってよい。

そのため、戦時期に松平宮相、百武侍従長らが従事した仕事とは、皇族・華族問題の処理、天皇、皇后らの行幸啓（避暑、避寒など）、天皇の運動、学問研究、皇太子の教育方針など、多岐にわたるものの、まさしく、官制で規定された職務がその大半を占めた。木戸内大臣期においても、湯浅内大臣期と同様、側近たちの職務が宮中の仕事に集中していたため、職務をめぐる側近間の摩擦もおこりやすかった。

天皇側近の間において、宮中上層部と実務官僚の宮中職務をめぐる対立があらわになった事例の一つに、学習院中等科の移転問題があげられる。学習院と宮内省は、開戦前から中等科の校舎を目白から世田谷の砧《きぬた》（喜多見《きたみ》御料地）へ移転し、敷地内に皇太子明仁《あきひと》親王（現天皇）のための御学問所《おがくもんじょ》を設置する計画をたてていた。学習院を管轄する宮内省では、松平宮相以下、白根松介《しらねまつすけ》宮内次官や入江侍従ら実務官僚が砧移転に賛同していた。

しかし、皇室財産を審理する帝室経済会議顧問の牧野元内大臣、一木元宮相が、「未曾《みぞ》有《う》の時局」を理由に校舎移転計画の延期を主張し（学習院百年史編纂委員会編『学習院百年史』第二編）、木戸内大臣や広幡忠隆《ひろはたただたか》皇后宮大夫らの間でも、移転に向けた意見調整がつかなかった。そのため、入江ら実務官僚は、牧野、一木という側近の大先輩の意見に「大憤慨」し（『入江日記』二）、木戸や広幡を説得するのに必死になった。入江の日記には、砧移転に消極的な広幡や木戸を、「近頃頭が少し変だ。分裂症の傾向がある」「内大臣桂小五郎〔木戸のこと〕は悪賢いから悪知恵のかたまりだから」（同前）と、批判する言葉がならんでいる。

結局、学習院移転問題は、一九四三年（昭和一八）七月六日の側近上層部による会議で計画の取り止めが決定された。会議決定を聞いた移転派の入江侍従らは憤慨し、小倉庫次《おぐらくらじ》侍従も皇太子教育の重要性を認識しない上層部の決定に、「百方実現に努めたるも終《つい》に否決せられたるは、実に痛恨事なり」（「小倉庫次侍従日記」『中央公論』二〇〇七年四月号）と、悔しがった。

同じ頃、大金総務局長が天皇・皇后の日光避暑の件で木戸のもとを訪ねた際、「側近者の空気につき、一段と緊張団結の要あるにあらずや」（『木戸日記』下）と、上層部批判とも受けとれる意見を語っている。このほか、皇族親睦会に天皇の出席を認めるかどうか、皇居の吹上《ふきあげ》御苑に造った防空壕を軍人に見せるかどうかなどの問題をめぐり、木戸内大臣や松平宮相ら側近上層部に対する実務官僚の不満がつのっていた（『入江日記』二）。

実務官僚の宮中改革論

そのため、敗色濃厚となる一九四五年（昭和二〇）にはいると、政府や軍部の戦争指導方針が徹底抗戦か、それとも早期講和かをめぐって混迷するなか、実務官僚の間からも側近体制の改革を望む意見が提唱されてくる。

鈴木貫太郎《すずきかんたろう》内閣が成立した直後の一九四五年四月一八日、木戸内大臣を訪ねた宮内省事務官の三浦義男《みうらよしお》は、宮内省の戦時体制につき意見を上申した。木戸は、三浦の提言に、「少壮職員中に現下当局の処置に相当不満のあることを看取」（『木戸日記』下）した。さらに、五月二五日、二六日の米軍機による空襲で皇居の一部も焼失する出来事が起こると、同三一日、松平宮相が罹災《りさい》の責任をとって辞任を申しでる。

同日、大金総務局長は、木戸に宮内省機構の改革を進言し、白根宮内次官も、宮内省内の空気が非常に悪く、「超非常時の宮相としては実際事が運ばず。此際《このさい》是非更迭を要す。自分も責任をとる積りなり」（同前）と伝えた。実務官僚による側近体制の改革を求める意見をうけた木戸は、藤田侍従長や広幡皇后宮大夫と協議のうえ、松平宮相の更迭に同意した。六月四日、後任の宮相として、小磯内閣で蔵相、内閣書記官長を務めた石渡荘太郎《いしわたそうたろう》が就任し、同六日に宮内次官も白根から大金（総務局長より転任）に交代する。

もともと、二・二六事件後の湯浅内大臣時代から、実務官僚の宮中上層部に対する批判はささやかれていたが、日米開戦後も、松平宮相の戦争を憂慮する言動や、宮中職務に関する厳格で細かな指示に対して、実務官僚の間では不満がつのっていた。白根宮内次官は、松平の「宮中・府中の別」を厳格に保持する姿勢に、「時には歯痒《はがゆ》いと思う程であった」（前掲『松平恒雄追想録』）と回想しており、木戸に語った非常時の宮相として不適任という言葉とあわせ、実務官僚の間で松平の仕事ぶりに不満がつのっていたことをうかがわせる。

いずれにせよ、二・二六事件後の湯浅内大臣期に天皇側近の「官僚化」がすすみ、側近の職務が宮中の仕事に「矮小化」したことで、上層部と実務官僚との間に職務をめぐる意見対立が生じやすくなった状況は、木戸内大臣期になっても変わっていなかったことがわかる。

東条内閣打倒工作

反東条論の台頭

アジア太平洋戦争は、一九四三年（昭和一八）二月におけるガダルカナル島からの日本軍撤退以降、転換期を迎え、日本は戦線縮小を余儀なくされていく。戦局悪化にともない、開戦前から政権を担当する東条内閣への批判も強まっていく。東条首相は、海相の嶋田繁太郎《しまだしげたろう》とともに、陸相（軍政）と参謀総長（軍令）を兼任（嶋田海相は軍令部総長を兼任）し、軍政・軍令の一元化によって、戦局打開への体制づくりに取り組んだものの、すでに戦局を好転させることは難しい状況であった。

東条政権の行きづまりを感じた重臣たちは、東条内閣打倒に向けて活動を始める。なかでも、活発に動いたのが、海軍出身の岡田啓介《おかだけいすけ》と前首相の近衛文麿《このえふみまろ》であった。岡田は、高木惣吉ら海軍内の反東条派と連絡をとりあい、嶋田海相兼軍令部総長の罷免《ひめん》により、東条

図19　東久邇宮稔彦王

内閣の打倒を計画していく。いっぽう、近衛は、東条内閣打倒のキーマンとして、木戸内大臣をあげ、木戸から天皇に東条罷免への糸口をつけてもらおうと画策していた。

さらに、近衛や岡田は、皇族の利用も考えていた。近衛は、早くから東久邇宮や高松宮と接触し、東条内閣への批判を伝えていた。すでに、一九四三年一月の時点で、東久邇宮と会見した近衛は、政財界における東条内閣の施政への反対気運と、政策の行きづまり、東条の楽観的姿勢への批判を語っている（東久邇稔彦『東久邇日記』）。

高松宮は、兄の秩父宮が肺結核で病気療養中の身である現況では、皇族のなかでも、第一人者の地位にあった。そのため、近衛や岡田は、所属している軍令部以外の政治情報にうとい高松宮の情報提供役として、近衛の娘婿で秘書をつとめていた細川護貞《ほそかわもりさだ》をつけ、陸海軍からも高木惣吉ら情報役を高松宮につけることにした。近衛や岡田らによる皇族の政治利用という方法は、徐々に成果をあげていくことになる。

しかしながら、近衛や岡田らによる高松宮を利用した東条内閣打倒工作は、なかなか進展しなかった。というのも、高松宮は、東条の更迭に消極的であり、その理由として、東条内閣打倒後も影響力を保持するであろう陸軍を納得させる適当な人物がみあたらないことをあげていた（細川護貞『細川日記』）。

高松宮の慎重論

このころの高松宮は、東条更迭よりも、航空機配分問題をめぐる陸海軍対立の方を重視し、海軍に偏重した原料の割当を実現するため、永野《ながの》修身《おさみ》軍令部総長が進退をかけるよう主張しており、木戸にも天皇の仲裁を依頼していた（『高松宮日記』七）。さらに、高松宮は、直接、天皇に拝謁して、陸海軍が衝突しないよう航空機問題の仲裁を進言し、その後も天皇にあてて親書を提出するなど（同前）、執拗なまでの姿勢をみせている。

航空機配分問題について、天皇と高松宮との間の情報伝達役となった木戸内大臣は、天皇や東条首相らの意向にそい、天皇が直接仲裁にのりだすことの不可を高松宮に伝達した。しかし、高松宮は、「事情は諒承《りょうしょう》したるも、（中略）此上《このうえ》は政治的の解決の途《みち》が残り居るのみなり（中略）何とか柔かに円滑に両総長を御指導願ふ様に取計《とりはから》ふことは出来ざるや」（『木戸日記』下）と主張し、木戸の説得になかなか納得しなかった。

さらに、高松宮は、天皇が統帥面に関する状況を十分に理解できていないのではと感じ、情報を取り次ぐ木戸の輔弼姿勢まで疑問視するようになる。一九四四年（昭和一九）二月五日、高松宮は、往訪してきた木戸に対し、現在のように政治と戦争が緊密な関係にある場合、内大臣も輔弼《ほひつ》のために作戦面につき相当理解していなければならないと語り、木戸の姿勢を批判するような言葉を発した（同前）。

高松宮は、戦争指導の側面から、首相という政権担当者が問題なのではなく、天皇に正確な戦況を伝達し、よりよい戦略をたてるための体制づくりの方を重視していた。そのため、近衛グループが期待していた東条内閣打倒工作への関与については、近衛らの望む陸軍皇道派系軍人の起用を天皇に進言したこともあったが、あくまで東条の更迭には慎重であり（『高木惣吉日記』下）、東条更迭の是非よりも木戸ら側近体制の不備を指摘していく。

木戸の対応

重臣による反東条論は、すぐに木戸内大臣の耳にも入ってきた。一九四三年（昭和一八）一一月一九日、海軍の高木惣吉と航空機配分問題を協議したとき、木戸は、統帥面での解決策として、皇族と両総長からなる元帥府強化策を提言しながら、懸案の東条政権の今後について、国内政治問題は難しい問題で軽々しく政変を予想することはできないと、東条更迭問題にふれようとしなかった（同前）。

その後も、木戸内大臣は、周囲で叫ばれる東条更迭論を否定し続ける。一九四四年三月時における木戸の言葉として、「東条の事を彼是《かれこれ》いうが私にどうしろというのか、今信任のある東条に辞めてくれというう筋ではないし、また私から天皇に辞めさせろという筋でもない」（同前）という意見が残されている。木戸は、天皇の信頼する首相をみずからの主導で辞めさせることはできないと考えていた。

ところが、木戸の東条擁護の姿勢も、一九四四年四月末あたりから変化してくる。四月後半に木戸と会見した近衛は、「最近木戸が東条のことを悪く言ひ出し、（中略）大《おおい》に東条をこき卸《おろ》した」（同前）と、木戸の変化を感じとっていた。五月になると、木戸と東条の対立が表面化し始め、木戸が東条の言動に注意をあたえた際に、東条が「それは天皇の意向なのか」（『細川日記』）と反問するまでになっていく。

木戸内大臣は、東条更迭《こうてつ》に同調してきたとはいえ、自分が更迭運動の中心となる考えはなかった。近衛や岡田ら政権打倒をもくろむ人々は、「常侍輔弼」の任にあたる木戸の動きに期待していたのだが、木戸自身は、東条更迭を主導するつもりはなかった。木戸は、重臣や皇族の反東条論を天皇に伝えることにより、間接的な役割を果たそうとしていた。

東条内閣打倒工作に対する木戸内大臣の考えについては、一九四四年七月八日の矢部貞治《やべていじ》（東京帝国大学教授）との会見からその趣旨がよくうかがえる。会見で、木戸が、内閣更迭の時機につき、機が熟すか、東条が辞めるというまで政治体制転換はできないという基本的な考えを語ると、矢部は、「内大臣の地位は政局転換唯一の地位ではないか」と、木戸の尽力を求めた。これに対し、木戸は、「内大臣の地位は転換の地位ではない。第一そういう職権がない。常侍輔弼は憲法上にない。（中略）国務大臣の輔弼と常侍輔弼とは相違がある」と述べ、内大臣職への自身の職務観を語りながら、矢部の意見をかわしたのであった（『高木惣吉日記』下）。

また、木戸内大臣は、戦後の回想のなかで内大臣の職務観について、「内閣とは縁がなく」「端的に言えば触媒《しょくばい》みたいなもの」「要するに〔天皇と政府の〕間に入って結んで物を発展させる触媒のような役をやっている」と語っている（『木戸幸一政治談話速記録』下）。つまり、木戸の内大臣観とは、天皇と政府との間の情報媒介役にすぎず、政治の方向性を決定するような助言はできないという認識であった。

しかしながら、このような木戸自身の職務観を言葉通りに受けとることはできない。というのも、結局、東条内閣総辞職を裏でとりしきったのは木戸であるし、また、敗戦直前に、聖断方式による戦争終結構想を実現させるべく奔走したのも木戸自身であった事実から考えると、やはり、内大臣とは、天皇との日常的な接触機会をもち、政局を転換させることのできる大きな政治力を保持していた地位であったとみなさざるをえない。

天皇と高松宮の確執

傍観主義にもみえる木戸内大臣の姿勢は、東条更迭を主張する人々にとって不十分と認識されており、とくに、高松宮は、側近論の観点からもその不備を感じていた。すでに、航空機配分問題をめぐる一件で、木戸の対応に不信感をいだいていた高松宮は、年来の側近体制への疑問もあり、木戸が天皇への情報を独占する体制そのものを批判していく。

一九四四年（昭和一九）六月二二日、高松宮は天皇に拝謁し、サイパン島失陥の重大性を指摘するとともに、皇族を天皇の相談相手にする意思はないかと上奏した。天皇が、政治上の責任問題が生じるのでできないと拒否すると、高松宮は、軍人として統帥部にいても責任は生じるものであり、結局は信頼できないということですかと述べ、皇族を重用しようとしない天皇に落胆するのであった（『高松宮日記』七）。

数日後の六月二六日、マリアナ沖海戦での敗北をうけ、高松宮は再度天皇に上奏し、元帥会議（この当時の元帥は、伏見宮、閑院宮、梨本宮、杉山、永野）が形式的なものにすぎず、役にたっていないと指摘した。天皇が元帥会議の上奏は決定済みであり、変更する事は不可能であると返答すると、高松宮は、元帥会議でサイパン確保を明言しながら、それが実行できなかったことが問題であると言い返すと、天皇は「しつこい」（同前）と、不満の意をあらわした。

兄弟間での激しい言葉の応酬は、臣下に漏れ伝わるところとなる。皇后に謁見した小倉侍従は、「最近、聖上《せいじょう》と高松宮と御宜《およろ》しからず、御二人きりにては可成《かな》り激しい御議論を遊ばされて困る」（「小倉庫次侍従日記」）と、皇后から伝えられた。

高松宮は、戦争指導面での天皇の偏狭な姿勢の要因として、側近体制の不備が関係していると感じた。高松宮は、一九四四年（昭和一九）七月七日に木戸内大臣、松平宮相、百武侍従長を呼び（蓮沼侍従武官長は腹痛で不参加）、現行の側近体制への不満を一気に語った。その要約は以下のとおりである。

高松宮の側近改革論

組織が機能していない状況において、天皇の部外者の介入を避けようとする姿勢は短所となる。このような時に天皇の心構えを正すような精神上の師をすえることが必要である。天皇は各機関や役職を厳密に使い分けるため、内大臣は政治、武官長は統帥、宮相は宮中関係、侍従長は身の回りのことという具合に、職務以外の事を申し上げると機嫌が悪くなり、天皇もいっさい話にださない。（中略）修養上の師がついたとしても、具体的な政治問題に言及し、かえって天皇の不興をかってしまい、側近に仕えることが出来なくなってしまうと皆が考えている。こういう考え方が困るのであり、これを改めねばならない。（中略）今日は憲法といってもその運用が大事なときで、このようなこり固まった運用は、あまりに個人的すぎる（『高松宮日記』七）。

高松宮の天皇側近に対する言葉には、側近体制への不満と同時に、情報管理に偏狭な天皇への批判がこめられている。高松宮は、嶋田海相の更迭問題を例に、天皇が戦争指導面に関する適格な情報を把握できていないと考え、その理由として、木戸内大臣のみが政治的な輔弼機能を担当している側近体制にあると認識していた。そのため、高松宮は、木戸に代わる「精神上の師」をすえるべきだと提言している。高松宮のいう「精神上の師」とは、六月二二日に皇族を天皇の相談相手としてはどうかと、天皇に上奏したことからもうかがえるように、自分や東久邇宮など、皇族の起用を想定した発言であったといえよう。

しかし、高松宮の要求は、皇族であっても責任ある地位にない者の介入を嫌う天皇の反対にあい、実現することはなかった。皇族との協議を拒否する天皇の姿勢に対し、高松宮は、落胆するとともに、「御上《おかみ》の御考へでは、責任のないものが彼《か》れ此《こ》れ云《い》つてはいかぬとのことであるが、西園寺公の云ふ意味は、夫《そ》れに左右遊ばされてはいかぬと云ふことであつて、話を聞かれると云ふことがいかぬと云ふ事ではない様だ」（『細川日記』）と語り、天皇の側近に対する認識が誤っているとみなしていた。

高松宮の語る側近改革論からは、西園寺の理想とする側近論をみいだすことができる。高松宮のいう「精神上の師」とは、西園寺が強調していた「精神的支柱」と同じ意味である。また、内大臣、宮相、侍従長がそれぞれの仕事に限定され、側近間で横断的な協力関係を築けていないことを批判する点からは、西園寺の「三位一体《さんみいったい》」の側近体制論をうかがわせる。

つまり、高松宮の側近改革案の趣旨とは、側近の地位にある「人物」の交代で解決できる問題ではなく、側近という地位の効果的な「運用」を求めていたのであった。そのため、高松宮は、のちの木戸内大臣の更迭論について、これに同調することはなかった。

百武侍従長の辞任

側近体制を批判した高松宮の意見は、当然ながら、側近上層に影響をあたえていく。一九四四年（昭和一九）七月七日における高松宮と側近三者との協議後、同一六日に百武侍従長がふたたび高松宮邸を訪ねる。百武は、高松宮の提言した「天皇の精神上の師」を新しく設置するより、侍従長にその役割を担える人物をすえるべきで、現職の自分と交代するのがよいと伝えた（『高松宮日記』七）。このあと、百武は八月二九日に侍従長を辞任し、後任には、同じく退役海軍軍人の藤田尚徳《ふじたひさのり》が就任した。

百武の更迭は、太平洋戦争以前から木戸内大臣ら側近上層部間で話し合われており、辞任は既定の了解事項であった。しかし、百武の高松宮への発言から考え、高松宮の側近改革論が百武の辞意を決定的にしたことは確かであろう。

後任の藤田侍従長は、高松宮が主張し、百武も賛同した「天皇の精神上の師」と称されるほどの大物ではなかった。木戸内大臣らが藤田を後任に選んだ理由として、①最近の侍従長には、海軍出身で穏健な思想の軍人があてられるという慣習、②すでに、一度藤田の就任が決りかけたものの、藤田が夫人の看病を理由に固辞していた経緯、③木戸の侍従長観として、天皇の世話だけをこなせばよいという考え、などが考えられる。

高松宮の提言はいかされなかったものの、側近体制には、多少の変化があらわれる。政治的な情報を独占している木戸が、必要に応じて、松平宮相、百武（藤田）侍従長へ政治情勢を伝達するなど（『木戸日記』下）、政治的協議の回数も以前と比べて増えていく。

東条内閣の総辞職

絶対死守が叫ばれたマリアナ諸島の失陥により、東条内閣打倒の動きは最終局面へと突入する。東条政権打倒工作は、嶋田海相兼軍令部総長の罷免により突破口を開こうという手段がとられた。海軍の長老、伏見宮元軍令部総長らが嶋田を説得しようとしたものの、嶋田は東条とともに、これに強く反発した。

海軍内の嶋田海相説得が失敗したことで、木戸内大臣や近衛らは、高松宮、東久邇らの皇族から天皇への直接上奏により、東条の更迭をはかろうと計画する。一九四四年（昭和一九）七月一二日、木戸から依頼された高松宮が東久邇を訪ね、軍事参議官の地位にある東久邇と朝香宮鳩彦王《あさかのみややすひこおう》から、東条の陸相と参謀総長の兼任をといて軍政・軍令を区別するよう、天皇に上奏してもらいたいと要請した。東久邇と朝香宮は、協議のうえ、七月一七日に天皇に拝謁し、同件を上奏した（『東久邇日記』）。

この上奏に高松宮が加わっていないのは、当時の高松宮は軍令部出仕《しゅっし》という身分にすぎず、軍務について天皇に上奏する資格をもつ軍事参議官の地位にあった東久邇や朝香宮とは異なるためであった。

東久邇と朝香宮の軍政・軍令の区別を指摘する上奏を受けると、東条首相は、参謀総長の地位を辞すことにより、なおも政権の延命をはかろうと試みる。しかし、倒閣で一致する重臣たちが人心一新を求める上奏を企図しているという情報に接すると、東条も政権維持の困難を悟り、一九四四年七月一八日に内閣総辞職となった。

側近による終戦工作

近衛の「元老」化運動

東条内閣総辞職後、一九四四年（昭和一九）七月二二日に小磯国昭《こいそくにあき》内閣が成立し、政権を引き継ぐことになった。しかし、日米両国の経済格差からくる戦局悪化は不可避であり、すでに戦局の挽回は絶望的な状況となっていた。そのため、時間の経過とともに、小磯内閣の戦争指導への不満が高まり、またもや政界周辺で時局打開の動きが活発となっていく。

時局打開を模索する動きのなか、東条や小磯を奏請した木戸内大臣への批判も強まり、内大臣の更迭《こうてつ》を求める声まででてくる。近衛グループ周辺や原田熊雄《はらだくまお》らも木戸の更迭と側近体制の改革を協議していく。彼らの主張の趣旨は、近衛による、「此《こ》の非常の際、木戸一人側近に在《あ》りて、皇族をも近づけ奉《たてまつ》らず、唯一個の大佐の宮とし、少将の宮として取扱ひ奉らんとするはよろしからず、今日の問題は皇室の問題なれば、此の態度は改めらるるべき」(『細川日記』)という発言に集約されている。

近衛は、高松宮の側近改革論と同様、戦局が悪化する非常時においても、木戸内大臣のみが政治に関する天皇への情報伝達を独占していることへの不備を指摘している。よって、高松宮が「天皇の精神上の師」を置くことを提案したのと同じく、近衛もみずからを含む重臣に政治や統帥に関するいっそうの発言権を与えるよう考慮していく。いわゆる「元老」の復活である。そのため、近衛は、一九四四年九月頃から後継首相奏請協議に参加する資格を有する重臣のなかでも、時局打開に積極的な岡田啓介《おかだけいすけ》、若槻礼次郎《わかつきれいじろう》、平沼騏一郎《ひらぬまきいちろう》を誘い、四名による定期的な会合を開き、時局対策を講じていく(同前)。そして、同時に、近衛は、重臣の「元老」化を木戸に要求していくのであった。

しかし、木戸内大臣は、近衛らがめざす重臣の「元老」化について反対の姿勢をつらぬいていく。いくどか木戸と会見した近衛は、木戸に元老復活の意思はなく、ただ、内大臣たる自分への世間の批判が強いから、ゼスチャーとしていわせているだけだと、その消極性を評している(同前)。

重臣の「元老」化論に対する、木戸内大臣の本心はどうだったのであろうか。一九四五年三月、重光葵《しげみつまもる》外相との懇談で、重光が側近陣容強化のため重臣を起用してはと提案すると、木戸は、「御説《おせつ》の重臣を側近へ云々《うんぬん》は形の上で宮中は充実せられたる様には見えるけれども、実際は之等《これら》の人々は殆《ほとん》ど力にならないと思ふ」「此《こ》の時と思つた時には政府にあつてはあなた、宮中にあつては私が、それこそ渾心《こんしん》の力をふるつて之が実現に当らう」（『木戸幸一関係文書』）と返答した。木戸は、重臣の力量をほとんど力にならないと信用せず、宮中においては、内大臣たる自分だけが政治に関する輔弼を受け持つ覚悟を語っている。

このような木戸の考えを察知した近衛は、「重臣のことは木戸がにぎつて居る」（『細川日記』）という判断のもと、重臣側からの働きかけを断念することになる。ただし、戦局がいっそう悪化し、敗戦と共産勢力による内乱の危機まで想起される状況になると、天皇や近衛周辺から、再び重臣への意見聴取を求める動きがでてくるのであった。

皇族と天皇・木戸

重臣の「元老」化運動と同じく、この時期には、皇族を国家機構の中枢にすえて戦争指導の円滑化をはかろうという構想が提唱されていた。なかでも、天皇の弟であり海軍に所属する高松宮と、陸軍に身をおき軍事参議官でもあった東久邇宮の二名に対する政界、軍部内の期待は大きく、首相や陸海軍統合が実現した場合の総幕僚長への就任を求める声があがっていた。

しかし、皇族の政治利用という計画は、天皇や木戸内大臣も十分に承知しており、それゆえ、警戒心も強かった。もともと、天皇は、明治憲法における職域の区別を明確にし、各輔弼《ほひつ》機関との情報ルートを厳守する傾向にあった。そのため、皇族であっても輔弼責任を有する地位にいない場合、情報のやりとりには否定的であった。

一九四四年（昭和一九）以降、戦局悪化と戦争指導体制の混乱が生じてくるにしたがい、体制の変革を主張する高松宮と、現行のシステム維持を希望し、皇族の介入に否定的な天皇との対立は深まっていった。両者が激論を交わすことも頻繁で、天皇は、高松宮が参内する日は朝から興奮するほどであった（同前）。また、一九四五年四月、三笠宮崇仁親王《みかさのみやたかひとしんのう》が拝謁を願いでていることを侍従から知らされた天皇は、「皇族は責任なしに色々なことを言ふから困る」（『小倉庫次侍従日記』）と、皇族との面会さえ嫌うような態度をみせた。

木戸内大臣も、近衛に対し、高松宮のことをよく思っていないことを伝えている（『細川日記』）。木戸は、たびたび高松宮に呼ばれ、戦局や政局に関する情報を伝えており、高松宮からも天皇への進言を依頼されていたので、このような背景から高松宮への心境が悪化していたと思われる。

天皇や木戸内大臣は、輔弼の地位にない皇族が政治や戦争指導に介入してくることに反対であった。また、木戸は、皇族が権威をたてに、憲法上の輔弼責任をもって政治、統帥に介入してくることにも反対していた。

一九四四年九月、陸軍内部で杉山陸相の排斥を求める動きが高まり、梨本宮守正王《なしもとのみやもりまさおう》、東久邇宮、朝香宮、三笠宮ら陸軍所属の皇族が参集、協議し、軍事参議官の地位にあった東久邇と朝香宮から梅津美治郎《うめづよしじろう》参謀総長へ杉山の更迭を進言した。これに対し、木戸内大臣は、皇族が地位を利用して天皇を煩《わずら》わすことは統帥面からみても好ましくなく、このような行動を慎むべきだと、朝香宮に伝えた（『木戸日記』下）。結局、天皇や木戸は、責任の有無にかかわらず、皇族の政治、統帥への介入自体に反対だったのである。

当然ながら、こうした天皇の厳格ともいえる姿勢に、皇族の間では不満が高まっていく。公私とくに、高松宮は、天皇とは兄弟であるがゆえ、天皇に対する思いは複雑であった。直宮《じきみや》の両面にわたって天皇との対立を深めた高松宮は、一九四五年五月や七月の日記に、直宮のなかでも、秩父宮は病気療養中、三笠宮は若いので、自分が天皇を支えねばならないが、政治に介入できず、兄の昭和天皇もそれを喜ばない状況を悲観した記述を書き残している（『高松宮日記』八）。

七　重臣の上奏

一九四五年（昭和二〇）一月六日、天皇は木戸内大臣に米軍のフィリピン上陸という事態をうけ、重臣から意見を求めたいという希望をのべた。木戸は、統帥や国務の輔弼者である陸海両統帥部長や小磯内閣の大臣から意見を聞くのが先決で、重臣からの意見聴取はその後にしてはと返答した。やはり、木戸は、輔弼者との

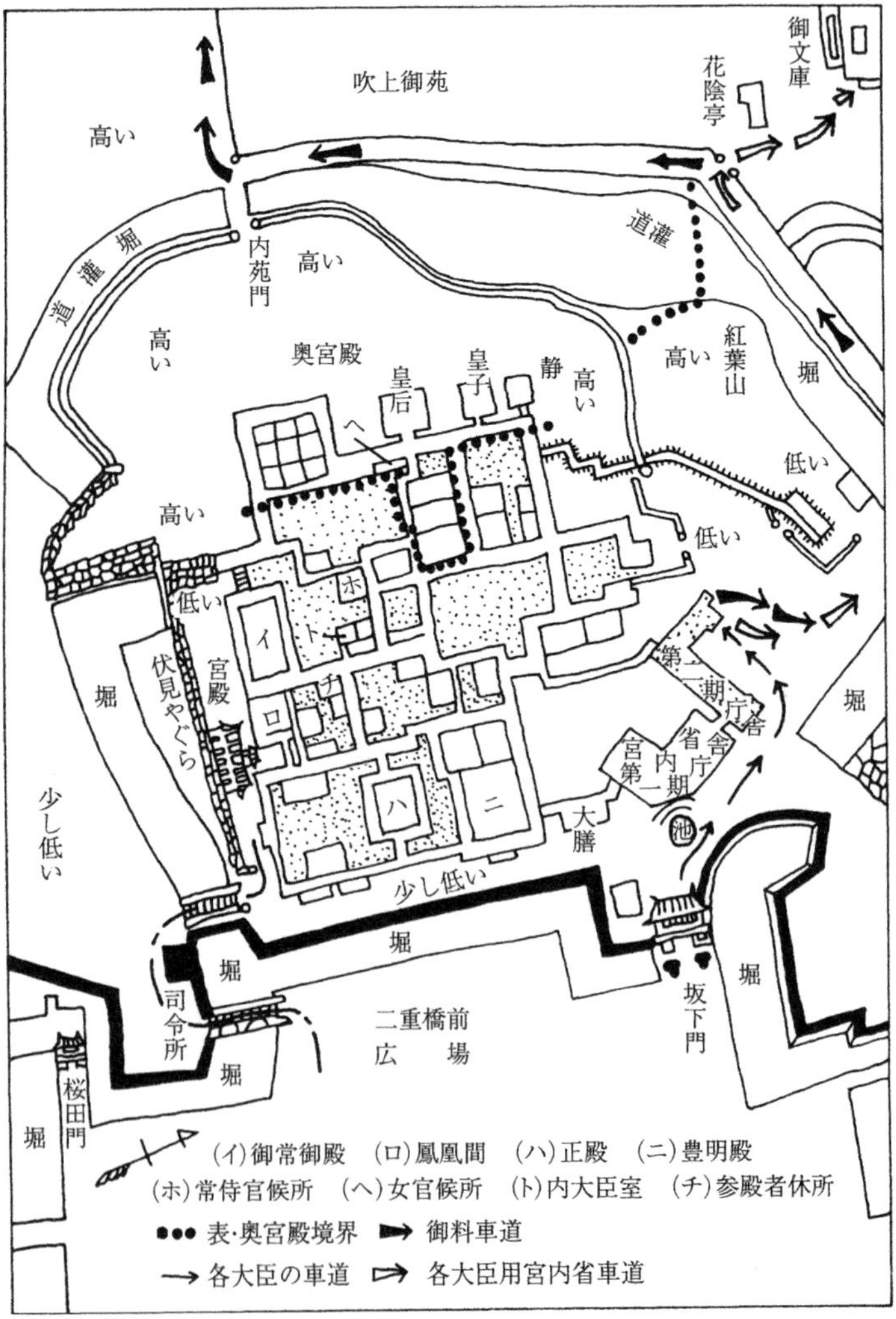

図20　アジア太平洋戦争末期の明治宮殿図（『ある侍従の回想記』岡部長章著，朝日ソノラマ，1990年）

意見交換をすすめるいっぽう、重臣の政治的力量を軽視し、意見聴取に否定的であった。しかし、天皇は、その後も木戸に重臣からの意見聴取の希望を伝え、また、近衛ら四重臣も、木戸に天皇への上奏を求めにきた。

天皇と重臣の両方から上奏の実施を求められたことで、木戸もこれを認めざるをえなくなり、松平宮相や藤田侍従長らほかの側近と協議のうえ、重臣拝謁の準備を整えていった。

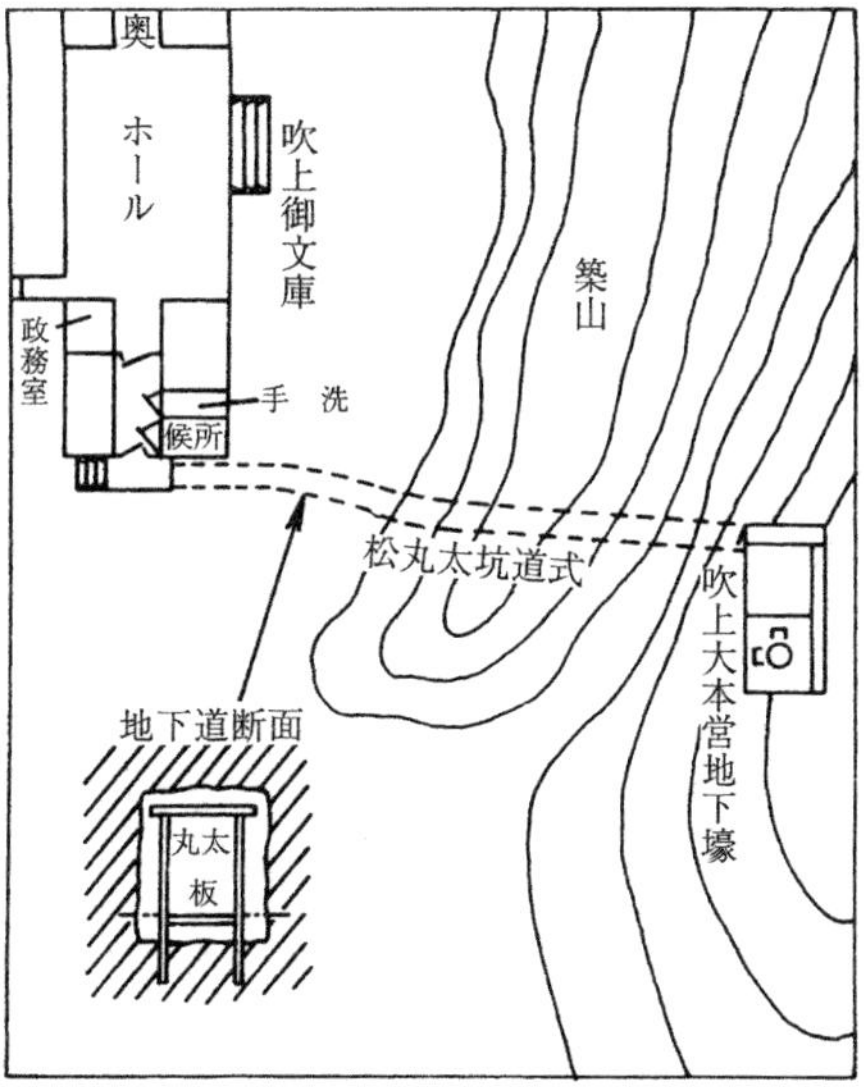

図21　御文庫付近の図（御文庫は，太平洋戦争時に皇居の吹上御所付近に建築された防空壕であった．『ある侍従の回想記』岡部長章著，朝日ソノラマ，1990年）

重臣の上奏は、二月七日の平沼騏一郎をはじめとし、以後、同二六日までの間、広田弘毅《ひろたこうき》（九日）、近衛文麿《このえふみまろ》（一四日）、若槻礼次郎（一九日）、牧野《まきの》伸顕《のぶあき》（一九日）、岡田啓介（二三日）、東条英機（二六日）の七名がそれぞれ天皇に拝謁し、時局対策を上奏した。

七名の重臣の上奏のうち、近衛の上奏は、「近衛上奏文」として有名である。近衛の上奏の要点は、敗戦より共産革命による天皇制の崩壊を危惧し、この状況になるのを防ぐためにも一日も早い講和を実現すべしというところにあった。近衛の上奏に対する天皇の返答は、「もう一度戦果をあげてからでないと話は中々《なかなか》難しい」（『木戸幸一関係文書』）というもので、この時点で和平にのりだす気をみせなかった。

木戸更迭論と高松宮

重臣や皇族の起用案を否定し続ける木戸内大臣に対し、近衛グループでは、更迭を求める動きが活発となる。高松宮の秘書をつとめていた細川護貞《ほそかわもりさだ》は、高松宮を利用して木戸更迭の実現をはかろうとした。しかし、木戸中心の側近体制を批判していたはずの高松宮は、七重臣の上奏が実施されているさなかの二月一一日、細川の提言する木戸更迭案につき、「木戸なんてものは大《たい》したものではないし、木戸を替へたらすぐにも和平が出来る様に思ふのは大した間違ひだ」（『細川日記』）と、反対論をとなえた。続けて、高松宮は、木戸を更迭しろという口先だけで、木戸更迭後の和平推進の計画を何も用意していないのに、内大臣を木戸から近衛、岡田ら重臣に代えても意味がないと語っている。

高松宮は、東条内閣打倒工作の時と同じく、木戸内大臣の更迭運動についても、細川らの主張に同調せず、慎重な姿勢を崩さなかった。高松宮は、側近に指導力の欠如した人物をすえ替えても意味がないと考えていたのである。

戦争末期に重臣や皇族の起用が各政治勢力から提唱されるなか、かつての内大臣牧野伸顕を重臣格として登用し、天皇を補佐させようという動きがみられた。牧野の重臣化を主張する中心人物は、昭和初期以来、牧野グループの一員として牧野とともに天皇を支えてきた元宮内次官の関屋貞三郎《せきやていざぶろう》と元侍従長の鈴木《すずき》貫太郎《かんたろう》（枢密院《すうみついん》副議長）であった。

関屋の側近改革案

関屋と鈴木の動向が活発となるのは、東条政権が倒れる一九四四年（昭和一九）七月ごろからである。関屋は、東条内閣総辞職の直前、鈴木枢密院副議長や牧野のもとを訪ねて懇談し、その後、松平宮相、木戸内大臣、松平秘書官長ら現役の側近をあいつぎ訪問している（「関屋貞三郎日記」）。鈴木は、関屋との懇談後に近衛と会談した際、「側近に公明正大の人を多く据《す》ゑざるべからず」（『細川日記』）と語り、さらに現在の木戸内大臣には反対であることも伝えた。側近の補充と現体制の中心人物木戸への批判を主張した鈴木の発言からは、関屋との会談の影響がうかがえる。

一九四五年になると、関屋と鈴木の側近改革案の目的がはっきりと示される。鈴木は、同年一月ごろ、次期首相は軍人ではなく文官を起用すべしという意見とともに、「次の内閣更迭に際しては、大なる力あるべし」（同前）という、意味深な言葉を発している。実際、鈴木は、小磯内閣総辞職後に開かれた後継首相奏請協議の席で、ある重要な提案を披露することになる。

また、同年三月二九日、鈴木を訪問した関屋は、「宮内省、及《および》内大臣府強化の件、宮内省に於《おい》て旧奉仕の重《おも》なる人々を毎週召集せしむること」（「関屋貞三郎日記」）を提案した。さらに、同日、宮内省の松平宮相、白根宮内次官を訪ね、同じ意見を伝えたものの、関屋が感じた両者の反応は、「好意を以て聴取されたるも、とかく現状に満足し積極的態度を見ず」（同前）という、慎重なものであった。

数日後の四月一日、関屋は牧野を訪ね、同じように「宮内省顧問、内大臣府出仕《しゅっし》及御《ご》用掛《ようがかり》設置に干《かん》し力説」（同前）する。ところが、牧野は関屋のこの提案に対し肯定的な反応を示さなかったようで、関屋は、「大体同意なるも未《いま》〔だ〕積極的態度に至らざるは遺《い》憾《かん》なり」（同前）という牧野の反応を書き記している。

以上の経過から、関屋による側近改革案とは、側近体制を強化するため、内大臣経験者の牧野をはじめ、旧側近者を宮内省顧問や内大臣府出仕として宮中官職に復帰させる計画であったことが判明する。そして、鈴木の発言と合わせ、両者の側近改革の趣旨とは、天皇を輔弼する機能が木戸内大臣に偏重している点を修正することにあったと理解できる。

鈴木の牧野起用論

牧野自身の消極的姿勢にもかかわらず、鈴木貫太郎と関屋貞三郎は、その後も牧野の重臣化を念頭においた運動を続けていく。鈴木は、一九四五年（昭和二〇）四月五日、小磯内閣総辞職後に開かれた後継首相奏請協議に、枢密院議長の資格として参加した。後継首相を選ぶことが目的の席上、鈴木は、第一声として、首相の推薦時に招集すべき重臣の範囲を固定する必要はないと発言し、以前に西園寺が山本権兵衛《やまもとごんべえ》や東郷平八郎《とうごうへいはちろう》の意見を聴取した前例を紹介しながら、「此際《このさい》〔天皇の〕思召《おぼしめし》を拝し、牧野伯《はく》の意見を徴《ちょう》されては如何《いかん》」（『木戸日記』下）と、牧野の名前をあげて重臣の拡張を木戸内大臣にただした。

鈴木の提案に対し、木戸内大臣は、現在の後継首相奏請のシステムは西園寺の時代とは異なり、首相経験者など国政を担当してきた人々を重臣として参加させているので、資格に該当しない牧野の参加をすぐに求めることはできないと、否定した。鈴木は、あらためて「牧野伯のことは御説明により判りたるが、只《ただ》、牧野伯を加ふるときは其《その》範囲不明瞭となると云《い》ふことはなく、牧野伯と同様の資格者は他になしと思ふ。それ丈《だけ》を申し置く」（同前）と、木戸を批判するかのごとき強い口調で、牧野の重臣化の必要性をうったえた。

結局、この日の後継首相奏請協議では、木戸内大臣と重臣との間で鈴木枢密院議長を推薦することに決し、天皇から鈴木に組閣が命じられ、一九四五年四月七日、鈴木内閣が発足する。協議の席で牧野の重臣化を主張していた鈴木は、自身が首相として政局を任されることになった。

鈴木首相は、牧野の重臣化への方法として、後継首相奏請協議への参加、宮中顧問官など宮中官職への就任など、木戸内大臣の了解を必要とする方法を断念し、つぎに、自分の主導で実現できる方法を実行していく。その方法とは、国策を決定する御前会議に重臣として出席させるというスタイルであった。

一九四五年五月三一日の主要閣僚懇談会の席上、左近司政三《さこんじせいぞう》無任所大臣が首相経験者の資格として重臣が会議を開いても役に立たないので、牧野のように真に相談できる人物を御前会議に出席させて国策を検討したほうがよいと発言した（関口二〇〇八）。

さらに、六月六日の最高戦争指導会議において、鈴木首相は平沼枢密院議長からの相談として、「こんどの御前会議《ごぜんかいぎ》には重臣を入れてはどうか、牧野〔伸顕〕内府〔ママ〕を入れて東条を欠席させてはどうか」（軍事史学会編『大本営陸軍部戦争指導班　機密戦争日誌』下）、という提案があったと話をきりだした。しかし、阿南惟幾《あなみこれちか》陸相がこれに反対し、米内《よない》海相も賛成しなかったため、鈴木は、牧野の会議列席をあきらめることにした。

牧野の御前会議への出席を要求する左近司や鈴木首相の提案は、その場で唐突に発表された感じをうける。だが、鈴木と左近司は海軍の先輩後輩の関係にあり、思想的にも似通った考えをもっていたのであり、両者の関係から、鈴木の牧野起用の考えを左近司が代弁したものと解釈するのが自然である。

また、鈴木首相は、牧野起用論について、事前に軍部への根回し工作をおこなっていたのである。五月下旬、鈴木首相や迫水久常《さこみずひさつね》内閣書記官長は、「御前会議」や「重臣の取扱振《ぶ》りを如何にするか」（同前）につき研究し、陸軍側にその内容を伝えていた。さらに、六月三日、陸軍の臨時幕僚会合が開かれた際、迫水の起案した「戦争指導大綱」「大本営機構」に関する件を協議し、そのなかに「御前会議　重臣（除東条）」（軍事史学会編『大本営陸軍部作戦部長　宮崎周一中将日誌』）という項目も含まれていた。これが、六日の最高戦争指導会議で鈴木首相から語られる提案であることは明確である。

鈴木首相は、自分の望む御前会議の形式として、重臣（牧野）の参加と東条の排除という案を事前に軍部側に伝え、その了解を得ようとしていた。結局、最高戦争指導会議の場で阿南陸相や米内海相の反対にあい、鈴木の希望がとおることはなかった。なんとしても、牧野を重臣として起用しようという鈴木の執念がうかがえる。

側近上層部の昼食会

高松宮による側近改革案、鈴木首相や関屋貞三郎らによる牧野の重臣化運動など、自分の輔弼スタイルを否定するかのような提案をうけた木戸内大臣は、周囲の側近改革論に影響されてか、もしくは、いよいよ敗戦という最悪の結果が予測される状況への対処としてか、天皇側近の間である取り決めを交わした。

一九四五年（昭和二〇）四月一六日、木戸は、松平宮相、藤田侍従長、蓮沼侍従武官長

図22　石渡荘太郎

と会食し、以後、毎週月曜の会食を申し合わせた（『木戸日記』下）。その後、この申し合わせどおり、五月一日、一四日には、四人による昼食会が開かれている（ただし、火曜日）。側近上層の四人による昼食会は、その後、皇居への空襲罹災《りさい》の責任をおって松平宮相が辞任したこともあり、一時中断するものの、後任の石渡宮相の就任後に再開され、七月一〇日、同一七日、同三一日、八月七日に参集している（同前）。

側近上層の四者会食が始まった経緯ははっきりしない。当時、宮内省警衛局長だった中《なか》村《むら》四《し》郎《ろう》の回想によると、国家存亡の非常時に側近間の相互信頼を高めるため、中村が甘露寺侍従次長に会食方式の協議機会をもうけてはと提案し、甘露寺の用意で毎週一回の昼食会が実現したという（『松平恒雄追想録』中村談）。

中村警衛局長の提案が昼食会の開始のきっかけであったかどうかは定かではない。側近上層が四人の会食を受けいれた理由として、この時期に高まってきた実務官僚の上層部への不満を共有し、これに対処するためという側面があったのかもしれない。また、政界周辺での側近改革の動向への対処ということも考えられる。

しかし、側近上層部の昼食会がうまく機能することはなかったようである。先の中村警衛局長が蓮沼侍従武官長に会食時の模様をたずねたところ、蓮沼は、「折角《せっかく》集まっても腹のさぐり合いばかりやっていてちっとも打ち解けた話は出来ないのだ。これでは何べん集まっても無駄だよ」（同前）と語ったという。木戸からすれば、この昼食会も側近上層の結束を示すだけの「ゼスチャー」にすぎなかったのかもしれない。

天皇の木戸更迭論

側近上層の四者会食がはじまった頃、木戸内大臣にとって看過できない出来事がおこった。天皇が、木戸に内大臣から宮相への転任をすすめたのである。一九四五年（昭和二〇）六月二日、木戸が辞任する松平宮相の後任として石渡荘太郎《いしわたそうたろう》の就任を上奏した際、いったん、天皇はこれを裁可しながら、その後、木戸を御前に呼び、木戸の宮相転任と石渡の内大臣就任ではどうかと下問したのである。木戸が、「諸般《しょはん》の事情より推《お》して其《そ》の不可なる所以《ゆえん》を言上」（『木戸日記』下）すると、天皇は木戸の上奏案をそのまま裁可した。

結果として、天皇は木戸内大臣の進言どおり石渡宮相の就任を認めたものの、木戸は、天皇から宮相転任を勧められた真意をはかりかね、ほかの側近に相談している（同前）。おそらく、側近たちの慰留もあり、木戸も納得することで事態収拾がはかられたのであろう。

天皇が戦争末期の混乱時に、木戸の内大臣更迭を提起するにいたった背景として、政界周辺での木戸批判の声が天皇に達したことで、木戸の身を案じたためなのか、それとも、天皇自身が木戸を中心とする側近体制の改革を考慮したためなのか、真相は不明である。もし、木戸の内大臣更迭が実現し、石渡内大臣、木戸宮相という人事になっていたと仮定するなら、政界周辺で計画されていた側近改革や国家体制改革が進展しやすい環境になっていたことは確かである。内大臣の輔弼比重がいちだんと高まった側近体制において、皇族や重臣の政治介入に一貫して否定してきた木戸が退くことで、新たな体制づくりに向けた動きが活発化する可能性は高かったといえる。最終的には、木戸が内大臣にとどまることになったので、側近体制に変化は生じなかった。そして、戦争終結に向けた政局のなかで、宮中においては、木戸が重要な役割を果たすことになる。

ポツダム宣言受諾

天皇側近や重臣の間で戦争終結への基本的な合意が形成されるのは、一九四五年（昭和二〇）六月になってからである。六月八日の御前会議で、国策として「今後採るべき戦争指導の基本大綱」が決定され、国民向けには徹底抗戦の覚悟をうったえていた。しかし、同日、木戸内大臣の作成した「時局収拾対策試案」では、戦争遂行が不可能との見通しのもと、「国体の護持」という「至上の目的」を果たすため、「天皇陛下の御勇断を御願ひ申上げ」（同前）て、戦争終結を実現するという方策が示された。そして、戦争終結の方法としては、中立関係にあるソ連の仲介により対戦国と交渉をすすめるとしている。

木戸内大臣は、翌九日に天皇へ上奏したのをはじめ、鈴木首相以下の主要閣僚にも「試案」を伝え、実施をうながした。天皇もようやく戦争終結にむけて本腰をいれはじめ、同二二日に最高戦争指導会議の構成員（鈴木首相、東郷外相、米内海相、阿南陸相、梅津参謀総長、豊田副武《とよだそえむ》軍令部総長）をよび、戦争終結にむけた具体的な方法を研究するよう指示をだした。

しかし、日本が英米ら連合国との仲介役として期待していたソ連は、すでに、二月のヤルタ会談において対日参戦を約束しており、天皇や木戸内大臣が期待していたような日本に都合の良い講和など、ありえない状況となっていた。結局、一ヵ月以上も時間を浪費したあげく、一九四五年七月二六日、連合国から日本にむけてポツダム宣言が勧告される。

天皇、木戸内大臣、鈴木首相以下の国家指導者たちがポツダム宣言の即時受けいれを迷った理由は、天皇制の存続を意味する「国体護持」を保障できないという一点につきた。早急に無条件降伏を迫るポツダム宣言への対応で、日本側の国家指導者たちは、「国体護持」という「条件」をつけることを前提に、協議をかさねていたのである。そして、ポツダム宣言を受けいれるかどうかを協議している間、八月六日、九日の広島、長崎への原爆投下、同九日未明のソ連の対日参戦という悲劇を招いてしまう。

ソ連の参戦により、国内での共産革命の危険性が現実味をおびてきたため、国家指導者たちは、ようやくポツダム宣言の受諾を決めた。しかし、鈴木首相ら最高戦争指導会議のメンバーは、またも、「国体護持」のみの一条件とするか、これに三つの条件（自主的な武装解除、戦争犯罪人の自国での処罰、保障占領なし）を加えた四条件とするかで紛糾するのである。このような状況下、ソ連侵攻と共産革命への危険性を心配する近衛や高松宮、重光前外相らが積極的に動き、一時、四条件に傾いていた天皇と木戸内大臣を説得し、「国体護持」だけの一条件でポツダム宣言を受諾することに決心させた。木戸も最後の覚悟をきめ、ポツダム宣言の受諾にむけて天皇に「聖断」を願いでる。

その後、二度にわたる御前会議と「聖断」という天皇の直接決定をへて、日本はポツダム宣言を受諾し、八月一五日に発表して降伏することになった。

敗戦

敗戦にいたる過程で、木戸内大臣は、それまで回避してきた重臣や皇族の介入につき、最後には、「国体護持」という目的を達成するため、近衛や高松宮の助言を受けいれることにした。そして、天皇と鈴木首相との間で、自身のいう「媒介役」として、聖断によるポツダム宣言受諾へと導いた。

戦局悪化とともに、時局打開にむけて主導的な役割を果たそうとしない木戸内大臣の輔弼スタイルは、傍観的だと政界周辺で批判の的となっていたが、最後には、近衛や高松宮ら一部の重臣、皇族たちとの連携により、「終戦」にこぎつけることができた。結果論ではあるが、「戦争終結」にいたる最後の過程において、木戸の輔弼スタイルがうまく機能したといえる。しかしながら、国家は、敗戦という大きな代償を払うことになってしまった。

新憲法制定と象徴天皇制——エピローグ

一九四五年（昭和二〇）八月一五日の降伏後も、天皇や木戸内大臣ら側近、そして、政府にとって、気の抜けない日々はつづいた。その最大の原因は、ポツダム宣言受諾の過程で議論された「国体護持」を保障できるかどうかであった。

敗戦直後の天皇制に対する国際世論は厳しく、アメリカなどでは、戦時中から天皇をヒトラーやムッソリーニといった独裁者と同列視した宣伝が広められていた。このような情報に接した天皇は、木戸内大臣に対し、「自分が恰《あたか》もファシズムを信奉《しんぽう》するが如く思はるゝことが、最も堪へ難きところなり」（『木戸日記』下）と、無念の心境を語った。天皇にすれば、自分はドイツやイタリアとの三国同盟に反対しており、一貫して英米との協調外交を支持してきた、そして、陸軍の大陸侵攻にも反対してきたという思いがあった。

このような天皇の気持ちを悟った木戸内大臣は、満州事変《まんしゅうじへん》以降、天皇がとってきた処置や政治思想などを書き残してはどうかと、天皇に提案した（同前）。これが、本書の冒頭で紹介した「五人の会」の聞きとりにつながっていく。東京裁判において、ＧＨＱの方針として天皇の不訴追が公表されるのは、一九四六年六月のキーナンＩＰＳ（国際検察局）首席検察官による記者会見を通じてであった。しかしながら、天皇や側近は、これでも楽観できなかった。

敗戦後の側近たちは、東京裁判対策として、天皇からの聞きとり作業のほか、「国体護持」にむけ、ＧＨＱ当局と協議のうえ、一九四六年元日の天皇の人間宣言、神奈川県への戦災復興視察をはじめとする全国への巡幸など、民主的な天皇像を演出し、国内外の天皇（制）イメージの改善に奔走した。

これらの措置について、天皇からの聞きとり作業と同じく、側近のなかでは「五人の会」のメンバーである、松平慶民《まつだいらよしたみ》宮相、木下侍従次長のほか、宮内次官から侍従長へ転じた大金益次郎《おおがねますじろう》も中心的な役割をになった。

「国体護持」、すなわち、天皇制存続にとって重要な出来事として、新憲法の制定も忘れてはならない。一九四六年一一月三日に公布された新しい日本国憲法は、翌一九四七年五月三日から施行されることになった。新憲法は、日本の国家体制を大きく変え、天皇の地位も「統治権を総攬《そうらん》」する国家元首から、「内閣の助言と承認による国事行為」のみをおこなう象徴天皇へと移行した。

東京裁判開廷前後から新憲法成立までの過程を天皇制の存続と昭和天皇の地位保全に関する第一の危機と仮定すると、ＧＨＱや側近の「五人の会」は、この点で一致した目的をもち、互いに協力しながら危機を乗り越えたといえる。ところが、一九四八年四月に東京裁判が結審し、被告への判決宣告をのこすのみとなってくると、天皇と側近にとって第二の危機がおとずれる。それは、第一の危機からつながる問題でもあった。

つまり、天皇制の存続と天皇の地位は、新憲法の制定と東京裁判での免責により、保障されたものであった。ということは、象徴天皇制がスタートし、東京裁判が終了することによって、戦前・戦中期に国家体制の中枢にいた昭和天皇は、新しい国家体制の「君主」としてふさわしくなく、また、東京裁判では法的な責任を免れたものの、道義的な責任をおって退位すべきだという意見が台頭してくるのである。

こうして、天皇と側近たちは、ふたたび天皇の退位をもとめる国内外の世論に対処しなければならなかった。しかも、追いうちをかけるように、敗戦以後、天皇制と昭和天皇のために尽力してきた松平慶民宮内府長官と大金益次郎侍従長が、一九四八年六月五日、二名同時に更迭《こうてつ》されるということまでおこった。

松平宮内府長官と大金侍従長の更迭の背景には、天皇巡幸を新しい皇室イメージの宣伝材料として政治利用していると批判するGHQ民政局の宮中への不信や、この問題をふくめ、占領政策をめぐるGHQ内部の対立（民政局と参謀第二部）が影響していた。民政局は、宮中の民主化をうながすため、当時の片山哲《かたやまてつ》内閣、芦田均《あしだひとし》内閣に宮内府（一九四七年五月に宮内省より改組）の改革と人事の刷新をもとめ、宮内府の機構改革と両者の更迭が実施されるのである。

芦田内閣の実行した宮中改革により、宮相と侍従長の後任には、前任者の更迭と同日、田島道治《たじまみちじ》（元貴族院議員）と三谷隆信《みたにたかのぶ》（学習院次長）が就任し、宮内府は規模を縮小して翌一九四九年六月から現在の宮内庁へと移行した。この過程において、天皇は、自分のために粉骨砕身の働きをみせた松平、大金の両名の更迭に反発し、「当分現状維持で行きたい御考《おかんが》へで、更迭を延期する訳《わけ》には行かぬか」（進藤榮一ほか編『芦田均日記』二）と、芦田首相に再考をもとめた。また、五月二九日、大金侍従長の更迭と宮内府改革について上奏する芦田に対し、天皇は「色々《いろいろ》苦情」を伝え、芦田は辞任を考慮するほどであった（同前）。

しかも、天皇自身は後に気づくのであるが、就任当時の田島宮内府長官と三谷侍従長は、前任者の松平、大金の考えとは正反対に、天皇の退位に賛同していたのである。田島は、宮内府長官に就任した直後の一九四八年七月八日に芦田首相と天皇の退位問題について協議し、退位の場合には両者とも責任をとって辞職することを申し合わせている（同前）。

しかし、天皇の退位に賛同していた田島宮内府長官は、翌八月になると、一転して退位反対を主張するようになる。その心境の変化につき、田島は、芦田首相に対し、天皇自身が日本の再建のために責任をつくしたいという気持ちから退位の意思がないということ、周囲の情勢から判断して退位は適当でないということを語っている。田島のいう「周囲の情勢」とは、①昭和天皇の退位により、かえって天皇制が動揺する、②退位の場合、即位する皇太子はまだ若く、しかも、摂政となるべき適任者がいない、③マッカーサーが天皇の退位を認めないだろう（同前）、という三点をあげていた。

天皇退位論者であった田島宮内府長官や三谷侍従長は、側近として天皇の側に仕えることで、天皇制を守りぬかねばならないと考えるにいたった。そして、田島と三谷は、天皇退位問題について天皇と協議し、マッカーサーの判断をもとめて天皇の在位を確認し、そのお礼の言葉を記した書簡をマッカーサーにとどけている（山極晃、中村政則編／岡田良之助訳『資料日本占領I　天皇制』）。

こうして、天皇と新しい側近たちは、協力しあいながら第二の危機も乗り越えたのであった。はじめは、松平前宮内府長官、大金前侍従長の更迭に不安をおぼえた天皇であったが、田島と三谷のコンビも天皇と良好な関係を築き、側近としての役割をはたしていく。

明治憲法から日本国憲法へと国家体制がおおきく転換するなか、天皇の地位も「統治権の総攬者」たる国家元首から、象徴天皇へと変わることになった。しかし、天皇は、「国政に関する権能を有しない」（日本国憲法第四条）象徴天皇制のもとでも、国事行為にとどまらず、大臣に「内奏」を要求したり、ときに政治的行為とよべる行動をおこすこともあった。米軍の長期沖縄駐留をのぞむ自身の意見をＧＨＱ側に伝えさせたことで有名な「沖縄メッセージ」は、その代表的事例である。

その際、天皇とＧＨＱ、アメリカ政府関係者との連絡役をはたしたのが、旧側近の松平康昌や寺崎英成のほか、田島宮内庁長官ら現役の側近たちであった。側近は、新憲法のもとでも政治関与をつづける天皇の手足となって働いていたのである。このように、戦前戦中から戦後にかけ、昭和天皇に仕えてきた側近たちは、天皇制をとりまく環境の変動があっても、忠実に天皇と天皇制という制度をささえ続けていくのであった。

あとがき

本書では、明治憲法体制下における天皇側近たちの言動を取りあげ、とくに、一九三〇年代以降の戦争の時代を中心に論述してきた。限られた分量のなかで、十分な情報を読者の方々に提供することができたかどうか不安な心境である。

本書は、吉川弘文館より刊行された拙著『昭和戦前期の宮中勢力と政治』（二〇〇九年刊）のもととなった私の博士論文を読んでいただいた同社編集部から、「専門的な研究書とは別に、一般読者向けの歴史文化ライブラリーに執筆願えないか」という話をいただいたのがきっかけであった。歴史文化ライブラリーといえば、私自身もこれまで何冊となく講読してきて、歴史入門書として親しみを感じていたこともあり、二つ返事で了承させていただいた。

ただ、本書の執筆の過程において、専門的な歴史用語や難解な語句を使用しながら、学術論文を書いてきた慣習というものは、なかなか修正できるものではなく、短い分量、わかりやすい文体で文章をまとめていくことの難しさをあらためて知った思いである。しかも、今回、取りあげたテーマは、明治憲法下での側近たちの言動であり、どうしても法律的な専門用語を多用しなければならないし、また、当時の側近たちの考えをできるだけいきいきとした形で提示したいという思いから、資料からの直接引用が増えてしまい、読解に苦労する部分もあったかと思われる。

本書を書き進める過程においても、天皇制（皇室）と国家、社会との関係を見つめなおすような出来事に遭遇した。二〇〇九年一一月には、現在の天皇在位二〇周年を迎え、マス・メディアでは、その記念式典の様子や天皇・皇后による会見要旨を伝えていた。私が、長い天皇のコメントのなかで印象をうけたのは、「私がむしろ心配なのは、次第に過去の歴史が忘れられていくのではないかということです」という箇所である。

この短い一文のなかに込められた天皇の思いとは、本書でも紹介してきたような、父親である昭和天皇の時代に経験してきた悲惨な戦争の記憶が込められての発言であったと推察する。本書の冒頭でもふれたように、事実としての歴史を覆い隠すことはできないのであり、昨今の事実としての歴史を修正しかねないような風潮や、戦争の記憶そのものが風化していくかのような現状への危惧を感じての発言ではなかっただろうか。

また天皇制と社会の関係という意味では、同年一二月、習近平《シーチンピン》中国国家副主席の来日にともなう天皇との会見につき、従来からの一ヶ月ルールを無視した鳩山由紀夫内閣や民主党の小沢一郎幹事長の行動が天皇の「政治利用」にあたるのではとの批判が報道をにぎわせたことも記憶に新しい。

大日本帝国憲法に定められた「統治権の総攬者」から、日本国憲法の規定する「象徴天皇」へと、天皇の地位は大きく変動したものの、今後の日本人にとって、天皇と国家、国民との関係はいかにあるべきかという問いを発し続けているように思われる。本書がその理解の一助になればと願ってやまない。

最後に、現在の研究生活に理解をしめしてくれる家族、妻と息子、実家の両親、妻方の両親への感謝とともに、本書の執筆にあたり、たいへんお世話になった吉川弘文館編集第二部の一寸木紀夫氏と、担当の永田伸氏にも感謝の意を表したい。

二〇一〇年二月

茶谷誠一

参考文献

〔単行本〕

伊藤之雄『昭和天皇と立憲君主制の崩壊』（名古屋大学出版会、二〇〇五年）
伊藤之雄『明治天皇』（ミネルヴァ書房、二〇〇六年）
井上寿一『危機のなかの協調外交』（山川出版社、一九九四年）
臼井勝美『満州国と国際連盟』（吉川弘文館、一九九五年）
大久保利謙『日本近代史学事始め』（岩波新書、一九九六年）
加藤陽子『模索する一九三〇年代』（山川出版社、一九九三年）
岸田英夫『天皇と侍従長』（朝日文庫、一九八六年）
鈴木正幸『国民国家と天皇制』（校倉書房、二〇〇〇年）
D・タイタス／大谷堅志郎訳『日本の天皇政治』（サイマル出版会、一九七九年）
永井　和『青年君主昭和天皇と元老西園寺公望』（京都大学学術出版会、二〇〇三年）
服部龍二『広田弘毅』（中公新書、二〇〇八年）
東野　真『昭和天皇二つの「独白録」』（ＮＨＫ出版、一九九八年）
村井良太『政党内閣制の成立一九一八―二七年』（有斐閣、二〇〇五年）
安田　浩『天皇の政治史』（青木書店、一九九八年）

茶谷誠一『昭和戦前期の宮中勢力と政治』（吉川弘文館、二〇〇九年）

〔論文〕

伊藤之雄「山県系官僚閥と天皇・元老・宮中」（『法学論叢』第一四〇巻第一・二号、一九九六年）
大畑篤四郎「日独防共協定・同強化問題」（日本国際政治学会／太平洋戦争原因研究部編『太平洋戦争への道』第五巻、朝日新聞社、一九六三年）
川口暁弘「内大臣の基礎研究」（『日本史研究』第四四二号、一九九九年）
坂本一登「新しい皇室像を求めて」（近代日本研究会編『年報近代日本研究二〇』山川出版社、一九九八年）
関口哲夫「鈴木貫太郎内閣期の国策決定をめぐる政治過程」（『日本歴史』第七一六号、二〇〇八年）
高橋勝治「満州事変期の未渙発詔書について」（『国学院大学日本文化研究所紀要』第九八輯、二〇〇六年）
西川　誠「大正後期皇室制度整備と宮内省」（近代日本研究会編『年報近代日本研究二〇』山川出版社、一九九八年）
馬場　明「秋月左都夫の牧野伸顕宛書簡」（『国学院大学大学院紀要』文学研究科、第二一編、一九八九年）
森　茂樹「戦時天皇制国家における『親政』イデオロギーと政策決定過程の再編」（『日本史研究』第四五四号、二〇〇〇年）
山田　朗「満州事変と昭和天皇」（『駿台史学』第一〇八号、一九九九年）

Anthony Best, 'Sir Robert Clive, 1877–1948 : British Ambassador to Japan' 1934–37, *Britain and Japan : Biographical Portrait, vol*. 4 (Japan Library, 2002)

Gregory Kennedy, 'The Keelung Incident and Britain's Far Eastern Strategic Foreign Policy' 1936–37, in Gregory Kennedy and Keith Neilson edited,*Incidents and International Relations* : *Peoples, Powers, and Personalities* (Westport : Praeger, 2002)

著者紹介

一九七一年、石川県に生まれる
一九九五年、明治大学文学部史学地理学科卒業
二〇〇六年、立教大学大学院文学研究科博士後期課程修了
文学博士（立教大学）
現在、成蹊大学文学部助教
主要編著書
昭和戦前期の宮中勢力と政治　日中戦争―対中国情報戦資料（共編著）

歴史文化ライブラリー
296

昭和天皇側近たちの戦争

二〇一〇年（平成二十二）五月一日　第一刷発行

著　者　茶《ちゃ》谷《だに》誠《せい》一《いち》
発行者　前田求恭
発行所　株式会社　吉川弘文館
東京都文京区本郷七丁目二番八号
郵便番号一一三―〇〇三三
電話〇三―三八一三―九一五一〈代表〉
振替口座〇〇一〇〇―五―二四四
http://www.yoshikawa-k.co.jp/
印刷＝株式会社 平文社
製本＝ナショナル製本協同組合
装幀＝清水良洋・渡邉雄哉

歴史文化ライブラリー

1996.10

刊行のことば

現今の日本および国際社会は、さまざまな面で大変動の時代を迎えておりますが、近づきつつある二十一世紀は人類史の到達点として、物質的な繁栄のみならず文化や自然・社会環境を謳歌できる平和な社会でなければなりません。しかしながら高度成長・技術革新にともなう急激な変貌は「自己本位な刹那主義」の風潮を生みだし、先人が築いてきた歴史や文化に学ぶ余裕もなく、いまだ明るい人類の将来が展望できていないようにも見えます。このような状況を踏まえ、よりよい二十一世紀社会を築くために、人類誕生から現在に至る「人類の遺産・教訓」としてのあらゆる分野の歴史と文化を「歴史文化ライブラリー」として刊行することといたしました。

小社は、安政四年（一八五七）の創業以来、一貫して歴史学を中心とした専門出版社として書籍を刊行しつづけてまいりました。その経験を生かし、学問成果にもとづいた本叢書を刊行し社会的要請に応えて行きたいと考えております。

現代は、マスメディアが発達した高度情報化社会といわれますが、私どもはあくまでも活字を主体とした出版こそ、ものの本質を考える基礎と信じ、本叢書をとおして社会に訴えてまいりたいと思います。これから生まれでる一冊一冊が、それぞれの読者を知的冒険の旅へと誘い、希望に満ちた人類の未来を構築する糧となれば幸いです。

吉川弘文館

〈オンデマンド版〉
昭和天皇側近たちの戦争

歴史文化ライブラリー
296

2019年（令和元）9月1日　発行

著　者　茶《ちゃ》谷《だに》誠《せい》一《いち》

発行者　吉川道郎

発行所　株式会社　吉川弘文館
〒113-0033　東京都文京区本郷7丁目2番8号
TEL　03-3813-9151〈代表〉
URL　http://www.yoshikawa-k.co.jp/

印刷・製本　大日本印刷株式会社

装　幀　清水良洋・宮崎萌美

茶谷誠一（1971～）

ISBN978-4-642-75696-9